Resozialisierungspotenziale des Sports für junge Haftentlassene

Frank Fritzsche

Bibliografische Information der Deutschen Nationalbibliothek:

Die Deutsche Nationalbibliothek verzeichnet diese Publikation in der Deutschen Nationalbibliografie; detaillierte bibliografische Daten sind im Internet über http://dnb.d-nb.de abrufbar.

ISBN: 9783961168989

Dieses Buch ist auch als E-Book erhältlich.

Inhaltsverzeichnis

1 Einleitung

1.1 Gegenstand und Ziel der Arbeit

„Sport kann einen Beitrag zur Resozialisierung von jungen Haftentlassenen leisten." Diese These ist das Ergebnis aus einem Gespräch des Autors mit einem befreundeten Sozialpädagogen im Sommer 2010, in dem dieser von seiner Teilnahme an einem Fußballturnier in der Jugendstrafanstalt Berlin berichtete. Die Tatsache, dass diese Veranstaltung mit der Teilnahme von Nicht-Inhaftierten stattfand, lies die Vermutung zu, dass Sport in Haftanstalten als Mittel zur Wiedereingliederung in die Gesellschaft genutzt wird. Scheinbar hat man innerhalb des Strafvollzugs Potentiale des Sports erkannt, die hier bei der Resozialisierung hilfreich sein können. Infolgedessen ergab sich die Frage ob dies auch in Bezug auf die Arbeit mit Haftentlassenen der Fall ist. Wenn die Betroffenen wieder in die Freiheit entlassen werden, beginnen für sie oft erst Probleme wie soziale Isolation, Vorurteile u.v.m. Wird in Deutschland Sport also bereits auch als Mittel zur gesellschaftlichen (Re-)Integration von Haftentlassenen eingesetzt? Ist das überhaupt sinnvoll? Folglich ist es Ziel dieser Arbeit die Möglichkeiten und Sinnhaftigkeit des Einsatzes von Sport bei der Resozialisierung von haftentlassenen Straftätern aufzuzeigen. Dabei soll die beispielhafte Vorstellung eines sportbezogenen Wohnprojekts einen möglichst realitätsnahen Rahmen bilden.

Dass der Sport einen Beitrag zur körperlichen Gesundheit leisten kann und regelmäßige sportliche Aktivität die Chance bietet, das subjektive Wohlbefinden zu steigern, gilt als erwiesen (Brand, Schlicht, 2007, S. 81-84). Wie steht es jedoch mit Zusammenhängen zwischen Sport und der Sozialisation des Menschen? Dieser grundlegenden Frage wird zu Beginn dieser Arbeit nachgegangen. Um die aktuelle Situation des Sports bezüglich der Arbeit mit Straffälligen darzustellen, wird in den Kapiteln drei und vier untersucht, inwiefern der Sport innerhalb des Strafvollzugs Einsatz findet und welche Situation die Betroffenen nach der Entlassung aus der Haft vorfinden. Dazu wurden neben der Auswertung von Konzepten und grauer Literatur, Besichtigungen und Interviews durchgeführt. Die Besuche ausgewählter Einrichtungen des Berliner Strafvollzugs und der Haftentlassenenhilfe gaben Aufschluss über Qualität und Quantität der Sportanlagen und Sportangebote sowie deren sozialpädagogische Zielstellungen. Aufbauend auf diesen gewonnen

Informationen und verschiedener wissenschaftlicher Literatur, werden im fünften Kapitel, entsprechend des Themas der Arbeit, die Potentiale des Sports als Mittel zur Resozialisierung junger Haftentlassener dargestellt.

1.2 Begriffsklärung

Sozialisation:

„Sozialisation ist ein Prozess, durch den in wechselseitiger Interdependenz zwischen der biopsychischen Grundstruktur individueller Akteure und ihrer sozialen und physischen Umwelt relativ dauerhafte Wahrnehmungs-, Bewertungs- und Handlungsdispositionen auf persönlicher ebenso wie auf kollektiver Ebene entstehen" (Hurrelmann/Grundmann/Walper, 2008, S. 25).

Diese Definition versucht den Begriff der Sozialisation ausdrücklich als einen Prozess von Wechselwirkungen zweier gleichbedeutender Faktoren, der Person und der Umwelt, zu erklären. Dabei haben beide gestalterische Einflüsse auf den jeweils anderen, ohne einer Seite einen ursprünglichere Stellung zu geben. Da sich diese Arbeit mit dem Versuch der (Re-)Sozialisation von Haftentlassenen mit Hilfe des Sports, in das vorhandene Konstrukt unserer heutigen Gesellschaft in Deutschland, beschäftigt, liegt hier der Fokus insbesondere auf den Wirkungen, die ein bestimmtes soziales Umfeld auf die betreffende Person hat. Im Folgenden wird der Begriff einer erfolgreichen Sozialistation also als „die Entwicklung einer Persönlichkeit, welche die Werte und Normen der Gesellschaft, in der sie lebt, umfassend internalisiert hat", gesehen (Deitersen-Wieber, 2001, S. 247).

Resozialisierung/(Re-)Sozialisation:

Der Ursprung des Begriffs der Resozialisierung lässt sich nach Meinung Cornel's (2009, S. 27) nur schwer rekonstruieren. Es sei kaum nachzuvollziehen, ob der „Begriff in seiner Bedeutung der Wiedereingliederung die Rückführung in die Gesellschaft meint oder ob sich der Begriff anlehnt an die Sozialisation [...] in der Kindheit und Jugend" (Cornel, 2009, S. 27). Heute ist wohl die Erkenntnis weit verbreitet, dass es sich bei der Resozialisierung um einen lebenslangen Prozess der Sozialisation handelt. Aus diesem Grund werden die Begriffe Resozialisierung und (Re-)sozialisation in den folgenden Ausführungen synonym verwandt, denn beide meinen im Sinne der § 2 und 3 des StVollzG die soziale (Wieder-)Eingliederung eines Straftäters in die Gesellschaft und damit zugleich die Verhinderung des Rückfalls.

Sport:

„Seit Beginn des 20. Jahrhunderts hat sich Sport zu einem umgangssprachlichen, weltweit gebrauchten Begriff entwickelt. Eine präzise oder gar eindeutige begriffliche Abgrenzung lässt sich deshalb nicht vornehmen. Was im allgemeinen unter Sport verstanden wird, ist weniger eine Frage wissenschaftlicher Dimensionsanalysen, sondern wird weit mehr vom alltagstheoretischen Gebrauch sowie von den historisch gewachsenen und tradierten Einbindungen in soziale, ökonomische, politische und rechtliche Gegebenheiten bestimmt. Darüber hinaus verändert, erweitert und differenziert das faktische Geschehen des Sporttreibens selbst das Begriffsverständnis von Sport" (Sportwissenschaftliches Lexikon, 2003).

Da keine einheitliche Definition existiert, wird der weitläufige Begriff des Sports für die Ausführungen dieser Arbeit eingegrenzt. Spricht der Autor von Sport oder sportlicher Aktivität folgt man damit den allgemeinen Formulierungen des Deutschen Olympischen Sportbundes nach denen das „Sportangebot dem Menschen zur bewegungs- und körperorientierten ganzheitlichen Entwicklung der Persönlichkeit dient und Gesundheit in physischer, psychischer und sozialer Hinsicht anstrebt" (Deutscher Sportbund, 2000, S. 2).

2 Der Sport und die Sozialisation des Menschen

Der aktuelle Forschungsstand bezüglich der Sozialisation sieht die Entwicklung des Menschen zu einem handlungsfähigen Teil der ihn umgebenden Gesellschaft, als einen sehr komplexen Prozess an. Dabei werden einseitige Auffassungen, die das Vorhandensein sozialer Kompetenzen allein der Genetik zuschreiben oder erzieherischen und pädagogischen Maßnahmen die zentrale Bedeutung geben, abgelehnt. Vielmehr ist es in der Sozialisationsforschung anerkannter Konsens, dass ständige Wechselwirkungen des Subjekts mit seiner materiellen, sozialen und kulturellen Umwelt, die individuelle Persönlichkeitsentwicklung beeinflussen (Hurrelmann, 2002, S. 7).

Dieser komplexe Entwicklungsprozess beginnt bereits in frühester Kindheit und wird, auf Grund sich ständig verändernder Bedingungen der Umwelt und des intrapersonellen Reifeprozesses, nie vollständig abgeschlossen (Hurrelmann, 2002, S. 37). Jedoch ist davon auszugehen, dass sich die größten Veränderungen im Kindes- und Jugendalter vollziehen. Bei Kleinkindern sind es vor allem die Eltern und nächste Familienangehörige, die das Individuum beeinflussten und von denen es soziale Verhaltensweisen übernimmt. Im weiteren Verlauf der Kindheit und Jugend bekommt das außerfamiliäre soziale Umfeld eine immer größere Bedeutung. Bezugs- und Autoritätspersonen, wie Freunde, Lehrer und Trainer üben, bewusst oder unbewusst, einen größer werdenden Einfluss aus. Darüber hinaus haben Erfahrungen physischer und psychischer Art, beispielsweise in der Schule, dem Sportverein oder auf dem Spielplatz, schon im Kindesalter einen prägenden Einfluss auf das Selbstkonzept[1] eines Menschen. Ein weiterer nicht zu vergessener Faktor, was die Sozialisation eines Menschen angeht, ist die mit einer hohen Relevanz versehene mediale Welt. Kinder spielen heutzutage nicht mehr nur mit Spielzeugautos und Puppen, sondern haben vermehrt unbegrenzten Zugang zu Spielekonsolen, Fernsehern und Notebooks oder Tablet-PCs mit Internetzugang. Damit vervielfachen sich auch die Quellen des Informationsflusses. Vollzieht sich nun der Übergang zum Jugendalter, haben sich unter anderem derartige Geräte zu einem festen, bedeutungsvollen und meinungsbildenden Bestandteil des alltäglichen Lebens entwickelt und wirken somit nicht unerheblich auf die

---

[1] „Das Selbstkonzept ist die Gesamtheit der auf die eigene Person bezogenen Beurteilungen" (Alfermann, Stiller, 2008, S. 15).

Persönlichkeitsentwicklung des Individuums ein. Weiterhin beeinflusst nun das enge soziale Umfeld, insbesondere der Freundes- und Bekanntenkreis, der Sportverein (o.ä. Institutionen), die Schule und das Elternhaus, wohl im besonderen Maße welche Normen, Werte und Regeln des sozialen Systems adaptiert oder abgelehnt werden. Das Individuum lernt also in vielfältiger Interaktion mit der Umwelt sich in dieser zurechtzufinden, handlungsfähig zu sein und damit im Verlauf des Lebens auftretende Entwicklungsaufgaben zu bewältigen. Gleichzeitig geht von ihm ebenfalls eine gestalterische und prägende Wirkung in Richtung der Gesellschaft aus. Festzuhalten ist, dass sich jeder Mensch, in Abhängigkeit seiner psychischen, physischen, kulturellen, sozialen, gesellschaftlichen sowie materiellen Voraussetzungen sehr individuell entwickelt und damit im jeweiligen gesellschaftlichen Gefüge eine eigene Rolle einnimmt.

Welche Bedeutung bekommt nun der Sport bei der Sozialisation des Menschen? Baur schlägt diesbezüglich eine geeignete Brücke: „Indem der einzelne lernt, in den von ihm übernommenen Rollen angemessen zu handeln, passt er sich damit nicht nur selbst an die Erfordernisse des sozialen Systems an, sondern trägt, in Perspektive auf das soziale System, gleichzeitig zu dessen Stabilität bei. Solche ‚Mechanismen' greifen auch im Sport als einem Subsystem der Gesellschaft. Auch im Sport werden dem Einzelnen Rollen [...] angetragen, deren Anforderungen er erfüllen muss und deren Einhaltung durch Sanktionen gesichert wird" (Baur, 1989, S. 34). Durch seine strukturelle Ähnlichkeit zum gesellschaftlichen System in Deutschland, scheint der Sport für den zu sozialisierenden Menschen einen geeigneten Rahmen zu bieten, die elementaren Werte, Normen und Regeln unserer Gesellschaft zu übernehmen oder zumindest zu akzeptieren. Dem Sportpartizipant wird ermöglicht sich seiner sozialen und körperlichen Handlungspotentiale und Fähigkeiten innerhalb des Sports bewusst zu werden, diese womöglich sogar zu erweitern und so zu einem realistischen Selbstkonzept zu gelangen. Darüber hinaus bieten die strukturellen Eigenschaften und Ziele vor allem von Mannschaftssportarten die Möglichkeit soziales Gruppenverhalten zu erlernen und gegebenenfalls Verantwortung zu übernehmen. Verschiedene Untersuchungen belegen dazu positive Zusammenhänge zwischen einer Sportpartizipation und einigen Persönlichkeitsmerkmalen, wie den Merkmalen des Selbstkonzepts, der Kontrollüberzeugungen und der sozialen Integration (Baur, Burrmann, 2008). Demnach kann man der Grundannahme folgen, dass die Anforderungs- und

Aktionsstruktur des Sports und die damit verbundenen sozialen, kognitiven und affektiven Sozialisationseffekte Auswirkungen auf die Persönlichkeitsstruktur des Einzelnen haben (Brinkhoff, 1998, S. 48). Es kann also davon ausgegangen werden, dass einige Persönlichkeitseigenschaften, die im Sport von Bedeutung sind und dort ausgebildet werden, zum Teil von den Teilnehmern auch in andere Lebensbereiche übernommen werden, also durchaus Generalisierungseffekte auftreten können.

3 Sport während des Strafvollzugs

Der Strafvollzug bildet für jeden Haftentlassenen einen zentralen und prägenden Abschnitt des Lebens in seiner unmittelbaren Vergangenheit. Demzufolge ist auch die Qualität der in dieser Zeit gemachten Erfahrungen von wesentlicher Bedeutung für den weiteren Lebensvollzug. Positive als auch negative Erlebnisse können eine hohe Entscheidungsrelevanz besitzen, wenn es um die Art und Weise der Wiedereingliederung in die Gesellschaft geht. Vorrangig sind damit Entscheidungen gemeint, bei denen sich der Haftentlassene zwischen einem systematischen Neuanfang und dem alten Umfeld inklusive der von vor der Haft gewohnten Lebensweise entscheiden muss. Dazu setzt das Strafvollzugsgesetz der Bundesrepublik Deutschland, ebenso wie das Berliner Jugendstrafvollzugsgesetz, das Vollzugsziel fest: „Im Vollzug der Freiheitsstrafe soll der Gefangene fähig werden, künftig in sozialer Verantwortung ein Leben ohne Straftaten zu führen (Vollzugsziel)" (Vgl. §2 Satz 1 des StVollzG und des JStVollzG Bln). Es ist also von grundlegender Bedeutung während des Vollzugs bestmögliche Voraussetzungen für eine erfolgreiche Reintegration nach der Haft zu schaffen. Dies umfasst ein umfangreiches Angebot an Arbeits-, Weiterbildungs- und Freizeitmöglichkeiten (u.a. Sport), eine kompetente Entlassungsvorbereitung und auch pädagogisch geschultes Personal in der Anstalt.

Bezogen auf ein Wohnprojekt für Haftentlassene mit einer sportorientierten Ausrichtung ist es also entscheidend, in welchem quantitativen und qualitativen Ausmaß gerade der Sport in der Strafanstalt eine Rolle spielt. Hier kann Interesse geweckt und gefestigt werden, Entwicklungspotentiale aufgezeigt und die Sinnhaftigkeit des Sports als alternative Freizeitgestaltung vermittelt werden

3.1 Forschungsstand

Die Suche nach aktueller wissenschaftlicher Literatur, die sich mit der Bedeutung des Sports während des Strafvollzugs beschäftigt, wurde in den letzten Jahren immer schwieriger. Um sich einen umfassenden Überblick zu diesem Thema zu verschaffen, ist heutzutage eine mindestens dreigleisige Methode der Informationsbeschaffung notwendig, da im 21. Jahrhundert noch keine zusammenfassende Abhandlung verfasst wurde. Diese drei Gleise werden durch die

Bibliotheksrecherche, die Auswertung grauer Literatur und die Durchführung von freien Interviews und Besichtigungen gebildet.

Bei der klassischen Bibliotheksrecherche findet sich aktuell bedauerlicherweise nur Literatur vom Beginn der 1990er Jahre. Die Untersuchungen wurden demnach noch vor dem Hintergrund einer anderen gesetzlichen Lage, weniger differenzierter sportwissenschaftlicher Erkenntnisse und verschiedener Rahmenbedingungen durchgeführt. So regelte der § 91 des Jugendgerichtsgesetzes in der Fassung von 1974 den Sport während des Jugendvollzugs folgendermaßen: „Durch den Vollzug der Jugendstrafe soll der Verurteilte dazu erzogen werden, künftig einen rechtschaffenden und verantwortungsbewussten Lebenswandel zu führen. [...] Ordnung, Arbeit, Unterricht, Leibesübungen und sinnvolle Beschäftigung in der freien Zeit sind Grundlagen dieser Erziehung" (Böhnke, 1992, S. 7). Wie zu erkennen ist, wurde bis dato noch keine Detaillierung hinsichtlich des Ausmaßes oder der Zielstellung vorgenommen, da dem Sport im Zusammenhang mit dem Vollzugsziel kein hoher Stellenwert zugesprochen wurde. Eine ebenso wenig detaillierte Regelung findet sich im Strafvollzuggesetz bis heute: „Der Gefangene erhält Gelegenheit, sich in seiner Freizeit zu beschäftigen. Er soll Gelegenheit erhalten, am Unterricht einschließlich Sport, an Fernunterricht, Lehrgängen und sonstigen Veranstaltungen der Weiterbildung, an Freizeitgruppen, Gruppengesprächen sowie an Sportveranstaltungen teilzunehmen und eine Bücherei zu benutzen" (Vgl. StVollzG, § 67). In verschiedenen Untersuchungen und Abhandlungen wurde diese Situation aufgegriffen und der Versuch unternommen, erste empirisch begründete Ergebnisse zur Bedeutung des Sports während der Haft vorzulegen. Für Böhnke ergab sich auf Grundlage seiner Studie die dringende Erkenntnis, dass der Sport im Strafvollzug nicht nur als ein simpler Zeitvertreib gesehen werden darf, sondern dass er ein „soziales Feld darstellt, in dem die Praktiken eines Akteurs, die Äquivalenz zu anderen sozialen Feldern haben, deutlich zutage treten" (Böhnke, 1992, S. 190). Nach seiner Ansicht, bietet Sport einige Möglichkeiten um als (Re-)Integrationsmittel eingesetzt zu werden. Weiterhin hielt er die Beschäftigung von vollständig ausgebildeten Sportpädagogen und die Differenzierung des Sportangebots für notwendig, um dem Sport eine interdisziplinäre Wirkung zu verleihen. Dadurch sollte Sport für die Inhaftierten zu einer positiv assoziierten Möglichkeit der Freizeitgestaltung werden und als soziales Trainingsfeld genutzt werden (Böhnke, 1992, S. 9, 190 ff.).

Ähnliche Empfehlungen werden im Sammelwerk „Sport im Strafvollzug –
Pädagogische und therapeutische Modelle" (Nickolai, Rieder, Walter (Hrsg), 1992)
gegeben. Unter anderem wurden auch hier gut ausgebildete Mitarbeiter und damit
die Nutzbarmachung des Sports für die Resozialisierung und eine Differenzierung
des Sportangebots empfohlen. Diesbezüglich wurde darauf hingewiesen, dass „die
resozialisierende Wirkung des Sports im Strafvollzug auf Grund der vorliegenden
Erfahrung sehr wahrscheinlich ist, aber infolge vieler intervenierender Variablen
letztlich wissenschaftlich nicht eindeutig zu beweisen ist" (Nickolai et al., 1992, S. 109
ff.). Dieser Einschätzung wird auf wissenschaftlicher Ebene bis heute gefolgt.

Allerdings herrschen heute andere Rahmenbedingungen. Somit erfolgte die
Informationsbeschaffung in Form freier persönlicher Interviews und durch
Auswertung von grauer Literatur, vor dem Hintergrund des § 39 aus dem 2008
verabschiedeten Berliner Jugendstrafvollzuggesetz: „[1]Dem Sport kommt bei der
Erreichung des Vollzugsziels besondere Bedeutung zu. [2]Er kann neben der
sinnvollen Freizeitgestaltung auch zur Diagnostik und gezielten Behandlung
eingesetzt werden. [3]Es sind ausreichende und geeignete Angebote vorzuhalten, um
den Gefangenen eine sportliche Betätigung von mindestens zwei Stunden
wöchentlich zu ermöglichen" (Vgl. JStVollzG Bln, 2008). Der Stellenwert des Sports
hat sich also im Jugendstrafvollzug sehr zum positiven entwickelt und den
Empfehlungen von Böhnke und Kollegen wurde hier auf gesetzlicher Ebene
weitgehend nachgekommen. Betrachtet man nun aber das Konzept von Klaus
Jürgen Tolksdorf, Geschäftsführer der Sportjugend Hessen, so scheinen in der
Praxis noch viele Potentiale des Sports auf der Strecke zu bleiben. Sein Konzept
sieht sinnvolle Einsatzmöglichkeiten im medizinischen, psychosozialen,
psychomotorischen, im sozial- und erlebnispädagogischen Bereich und als Brücke
zur Außenwelt, die bei weitem nicht ausgeschöpft werden (Tolksdorf, 2009).

Wesentlich prekärer ist die heutige Situation im Strafvollzug für Erwachsene. Hier hat
sich auf gesetzlicher Ebene hinsichtlich des Sports nichts Entscheidendes getan. Der
§ 67 des Strafvollzuggesetzes, welcher sich mit Sport und Freizeit im Vollzug
befasst, besteht seit 1976 unverändert. Jedoch wurde die große Bedeutung des
Sports innerhalb der Haftanstalten auch im Erwachsenenvollzug erkannt. Tolksdorf
berichtet von Fortschritten in der Praxis was die Ausdifferenzierung des

Sportangebots, die Beschäftigung von Sportlehrern und den Einsatz des Sports als Erziehungs- und Bildungsmittel angeht (Tolksdorf, 2006).

Insgesamt ist festzuhalten, dass die Potentiale des Sports als soziales Trainingsfeld auf wissenschaftlicher Ebene erkannt wurden. Auch wenn eine resozialisierende Wirkung nicht eindeutig belegt werden kann, so gilt es als sehr wahrscheinlich, dass die Struktur des Sports gerade für den Strafvollzug vielseitige Verwendungsmöglichkeiten bietet. Der weitgreifende Einsatz in der Vollzugspraxis scheitert allerdings oft an einer fehlenden Finanzkraft, unzureichend qualifiziertem Personal oder gerade im Erwachsenenvollzug an den Besonderheiten der zu erreichenden Zielgruppe.

3.2 Sport während des Strafvollzugs: Die aktuelle Situation

Die folgenden Ausführungen sollen beispielhaft einen Überblick über die momentane Situation des Sports in deutschen Strafanstalten verschaffen. Dazu wird mindestens auf Grund der unterschiedlichen gesetzlichen Regelungen zwischen dem Jugendstrafvollzug in der Jugendstrafanstalt Berlin und dem Strafvollzug für Erwachsene in der Justizvollzugsanstalt Berlin-Tegel unterschieden.

3.2.1 Beispiel Jugendstrafanstalt Berlin

„Gefangene sollen lernen, Regeln zu akzeptieren" (DPA, 2011) schreibt die Berliner Morgenpost und reißt damit nur einen kleinen Ausschnitt des sportpädagogischen Programms der Jugendstrafanstalt Berlin (JSA Berlin) an. Die Mitarbeiter der Sportabteilung sind der Ansicht, dass Sport jedem der etwa 440 jugendlichen Insassen im Alter von 14 bis 21 Jahren als Übungsfeld für die soziale, kognitive und emotionale Entwicklung dient und die seelische und physische Gesundheit fördert (Jugendstrafanstalt Berlin, 2009). Diese Erkenntnis, welche Sport zu einem hilfreichen Mittel bei der Erreichung der Vollzugsziele nach § 39, JStVollzG Bln macht, hatte keinen geringen Einfluss auf die Ausarbeitung des Sportprogramms.

Die Sportabteilung der JSA Berlin besteht aus insgesamt sechs Mitarbeitern. Davon sind fünf Sportbetreuer, ausgebildete Vollzugsbeamte mit einer Fortbildung zum Übungsleiter, und ein Diplom-Sportwissenschaftler. Sie konzipieren, steuern und betreuen die verschiedenen Sportprogramme und versuchen die pädagogischen und gesundheitsfördernden Zielstellungen zu erreichen. „Die Programme der Sportpädagogen der Jugendstrafanstalt Berlin orientieren sich an aktuellen sportwissenschaftlichen Trends und Erkenntnissen unter Berücksichtigung der klassischen gesundheitspräventiven Faktoren Bewegung, Ernährung und Erholung" (Jugendstrafanstalt Berlin, 2009). Zu diesen sportwissenschaftlichen Erkenntnissen gehört nicht nur, dass sich Sport in einer Haftanstalt gut eignet den Bewegungsmangel der Inhaftierten auszugleichen. Vielmehr wird der Sport im Konzept der JSA Berlin als ein geeignetes Medium gesehen, wichtige soziale Kompetenzen zu erlernen, wobei auf einen Transfer dieser auf andere Lebensbereiche abgezielt wird.

Das am 1. Januar 2008 in Kraft getretene Jugendstrafvollzuggesetz Berlin sieht vor, dass jedem Inhaftierten die Möglichkeit geboten werden muss, sich mindestens zwei Stunden pro Woche sportlich zu betätigen. Demzufolge bietet die JSA Berlin ein sehr differenziertes Sportprogramm, welches für möglichst viele Sportartenaffinitäten, Leistungsniveaus und die verschiedenen Zielgruppen in der Haftanstalt Angebote bereit hält. Um dieses Programm durchführen zu können stehen den Inhaftierten und Mitarbeitern weitreichende Sportanlagen zur Verfügung. Dazu zählen zwei Sporthallen mit angelagerten Fitnessräumen, zwei Rasensportplätze, ein Tartan-Hartplatz und ein Mini-Kunstrasen-Fußballfeld. Außerdem existiert eine große Auswahl an Sportgeräten verschiedenster Art.

Bei Haftantritt wird bei jedem Insassen ein umfangreiches Aufnahmeverfahren durchgeführt, welches unter anderem aus psychologischen Tests, einer Befragung zur sozialen Situation (sog. Sozialanamnese) und auch einer Sport-Zugangsdiagnostik besteht. Anhand dieser Daten wird dann ein individueller Förder- und Erziehungsplan für die betreffende Person erstellt. Im Rahmen der Sport-Zugangsdiagnostik werden die konstitutionellen Voraussetzungen und die sportmotorische Leistungsfähigkeit mittels eines entsprechenden Leistungstests bestimmt. Dieser Test kann und soll in regelmäßigen Abständen bei allen Insassen bis kurz vor der Entlassung durchgeführt werden, um den Förderungsgrad der sportspezifischen und sozialen Fähigkeiten festzustellen. Diesen Datenerhebungen folgt eine Empfehlung durch den Sportpädagogen, welche Sportangebote sinnvoll für den jeweiligen Häftling sind.

Das Sportprogramm der JSA Berlin orientiert sich in seiner Vielfalt vor allem an den am häufigsten auftretenden Problemfeldern der Zielgruppe und an den organisatorischen Besonderheiten der Haftanstalt. So weisen viele der Insassen eine Suchtproblematik und defizitär ausgebildete soziale Kompetenzen auf. Dementsprechend wird ein sozialtherapeutisches Programm (STP) angeboten, bei dem der Schwerpunkt darin liegt, vor allem über Mannschaftssportarten die Teamfähigkeit zu fördern, Integrationsprozesse zu unterstützen und die Wiederherstellung oder Verbesserung der Wahrnehmungs-, Handlungs- und Leistungsfähigkeit voranzutreiben (Jugendstrafanstalt Berlin, 2009). Weiterhin existiert ein Sportangebot für den Fachbereich Sucht, bei dem die Gesundheitserziehung im Vordergrund steht. Hierbei wird eher niedrigschwellig und gesundheitspräventiv Sport getrieben und es steht die Vermittlung einer Einstellung zur gesunden Lebensführung und eines positiven Körpergefühls im Mittelpunkt.

Um den strukturellen und organisatorischen Besonderheiten der Haftanstalt gerecht zu werden, bietet man Sportprogramme für Schüler, Arbeitende und Arbeitslose an. Gerade für arbeitslose Insassen bietet der Sport eine sinnvolle und abwechslungsreiche Beschäftigungsmöglichkeit, da sie in der Regel in ihren Hafträumen eingeschlossen sind. Der Schul- und der Betriebssport sind verpflichtende Bestandteile der Ausbildung. Durch diese Sportangebote werden auch Häftlinge erreicht, die sonst keine Affinität zum Sport aufweisen. Die Bewegung schafft einen guten Ausgleich zur Tätigkeit im Betrieb und es wird dazu beigetragen, den Bildungs- und Erziehungsauftrag der Schule zu erfüllen. Im Rahmen dieser Angebote kann in Teilen auf die Wünsche der Insassen eingegangen und die Leistungsbereitschaft gefördert werden.

Für Inhaftierte mit einer stark ausgeprägten Affinität zum Sport bietet die Sportabteilung diverse Freizeitsportangebote und einige Trainingsgruppen, sogenannte Sport-AG's, mit einem gesteigerten Leistungsanspruch an. Die Freizeitsportgruppen sind in der Regel mit einer möglichst hohen Teilnehmerzahl versehen, damit die Teilnehmer parallel verschiedene Sportarten ausüben können. Dabei wird auf einen hohen Spaßfaktor Wert gelegt, um Sport als eine sinnvolle, gesunde und attraktive Freizeitbeschäftigung zu vermitteln. Darüber hinaus versucht der Freizeitsport über Einzel- und Gruppengespräche sporttheoretisches Wissen, Trainingsmethoden und Informationen über Gesundheit, Ernährung und

Regeneration zu transferieren. Demgegenüber werden die Sport-AG's auf einem relativ hohen Niveau in den Sportarten Fußball, Basketball, Tischtennis, Fitness und Laufen angeboten. Für die Teilnahme an einer AG muss ein Insasse die erforderliche sportliche Eignung erfüllen und eine positive Entwicklung im Vollzug aufweisen, wodurch eine erzieherische Wirkung erzielt werden soll.

All diese sportlichen Angebote sollen den Inhaftierten den Gefängnisalltag erleichtern. Dazu gehört es sich zu verausgaben, Aggressionen abzubauen, Regeln zu akzeptieren und soziale Kompetenzen zu erlernen. Außerdem ermöglicht der Sport einerseits positive Kontakte zu knüpfen und andererseits Konfliktsituationen konstruktiv und fair zu lösen. Gelingt dies, kann er dazu beitragen eine realistische Selbstwahrnehmung und die Selbstkontrolle der Insassen zu fördern. Vor allem aber sollen diese positiven Effekte des Sports dazu genutzt werden um „den Gefangenen [...] neue Perspektiven und Kompetenzen für die Gestaltung eines straffreien und verantwortungsbewussten Lebens nach der Haftentlassung zu vermitteln" (Jugendstrafanstalt Berlin, 2009). Um diesbezüglich sportinteressierten Häftlingen die Eingliederung in den Vereinssport nach Ende der Freiheitsstrafe zu vereinfachen, pflegt die JSA Berlin einige Kooperationen mit Institutionen außerhalb der Anstalt. Der Versuch eine Brücke zu bauen verdeutlicht sich in einem seit 1996 bestehenden Partnerschaftsvertrag mit dem Berliner Fußball Verband (BFV). In dessen Rahmen werden Freundschaftsspiele, Hallenturniere, gemeinsame Trainings und einmal jährlich eine Weihnachtsfeier und ein Wohltätigkeitsturnier ausgetragen, an dem externe Vereine teilnehmen. Darüber hinaus werden Tischtennis-Turniere und zweimal pro Jahr ein Streetball-Projekt organisiert, bei denen ebenfalls externe Gegner und Mannschaften eingeladen werden.

Inwieweit dieser Brückenschlag funktioniert und auch nach Haftzeitende Bestand hat, lässt sich nur schwer nachvollziehen. Haftentlassene haben verständlicherweise selten Interesse daran, weiterhin Kontakt zu der Strafanstalt zu halten. Wenn Mitarbeiter der Strafanstalten etwas über erfolgreiche Vermittlungen erfahren, dann über Zeitschriften, wie der Fußball-Woche (Interview, 24. Februar 2011). An dieser Stelle knüpft die Diskussion über die Einrichtung eines sportorientierten Übergangsmanagements, welches Kontakte schürt und pflegt und damit eine erfolgreiche (Re-)Integration fördern kann, im Kapitel 5 an.

3.2.2 Beispiel Justizvollzugsanstalt Berlin- Tegel

Im Erwachsenenvollzug der Justizvollzugsanstalt Berlin-Tegel (JVA Tegel) ist die Situation bezüglich des Ausmaßes des Sportangebots, der Sportanlagen und der pädagogischen Zielstellungen eine andere. Das Sportbüro der Anstalt besteht aus drei Sportübungsleitern, die ihre Sportangebote, laut der Berliner Senatsverwaltung für Justiz, für insgesamt 1377 Insassen (Email, 21. April 2011, Datenstand: 31.12.2010) versuchen angemessen zu erstellen. Dabei haben sie nicht nur auf gesetzlicher Ebene eine andere Ausgangssituation als ihre Kollegen in der JSA Berlin. Das Strafvollzuggesetz beinhaltet zum Sport- und Freizeitangebot nur sehr wenig detaillierte Regelungen und enthält keine zeitlichen Verpflichtungen für die Haftanstalten (Vgl. Kapitel 3.1). Dies bedeutet auch, dass die Ausstattung an Sportanlagen und –geräten vergleichsweise weniger gut ausfällt. So stehen sportinteressierten Insassen lediglich eine Sporthalle, ein Rasensportplatz und über alle Häuser der JVA verteilte Fitnessräume und Tischtennisplatten zur Verfügung. Ein Mitarbeiter der JVA Berlin-Tegel (Interview, 17. Februar 2011) spricht darüber hinaus das sehr stark verbreitete Problem der Drogen- und Suchtproblematik an, welche gegebenenfalls vorhandenes Sportinteresse oft in den Hintergrund der Aufmerksamkeit drängt. Dementsprechend werden mit den Sportangeboten nur Häftlinge erreicht, die bereits eine Affinität zur sportlichen Aktivität aufweisen oder solche, die einen Ausgleich zum Haftalltag suchen. Unter letzteren befinden sich auch Insassen, die kein Interesse an Bewegung haben, sondern die Sportkurse lediglich dazu nutzen, um außerhalb des Haftraums Zeit zu verbringen und demnach auch nicht aktiv am Programm teilnehmen. Unter den genannten Bedingungen erscheint es logisch, dass die sportpädagogischen Zielstellungen etwas anders und einfacher gelagert sind, als jene in der Jugendstrafanstalt Berlin. Laut Mitarbeitern der JVA Tegel (Interview, 17. Februar 2011) geht es vorrangig um den Ausgleich des Bewegungsmangels durch den Haftalltag und den Abbau von Aggressionen über das sportliche Verausgaben. Der Sport dient auf positive, als auch negative Art als Ventil für angestaute Probleme. Die einzigen sinnvollen pädagogischen Ansätze seien die durch feststehende Regeln abgeforderte Einordnung eines jeden Teilnehmers in die Gruppe und damit der Versuch eine vernünftige Gruppenarbeit zu gewährleisten. Dies erweist sich gerade bei Mannschaftssportarten, wie Fußball, oftmals als schwierig. Da viele Inhaftierte durch fehlendes Wissen und unzureichende soziale Kompetenzen den Sport auf die persönliche Ebene transferieren, werden

Regelverstöße nicht selten als Angriff auf die eigene Person gewertet und können zu ernsthaften Konflikten führen.

Jedoch berichten die Mitarbeiter des Sportbüros nicht nur von negativen Erfahrungen. Im Rahmen des Sportprogramms bietet die Anstalt ein- bis zweimal pro Woche Fußball-, Handball-, Volleyball-, Lauf-, Tischtennis- und Gymnastikstunden an. Dabei werden die meisten Angebote auf breitensportlichem Niveau durchgeführt. Allerdings wurde in der JVA Tegel in den Sportarten Handball und Tischtennis ein Auswahltraining mit einem gehobenen Leistungsanspruch eingerichtet. Der Auswahl zugehörige Handballer werden von einem externen Handballtrainer trainiert und die Mannschaft spielt regelmäßig gegen externe Mannschaften. Die Tischtennisauswahl kann durch eine Kooperation sogar am Wettkampfbetrieb des Berliner Tisch-Tennis Verbands (BTTV) teilnehmen. Damit wird auch hier versucht, eine Brücke nach außen zu schlagen, der „Entsozialisation entgegenzuwirken" und schon während der Haftzeit stützende Kontakte für die Zeit nach der Haftentlassung herzustellen (Lenk, 2006, S. 80). Zu der Erfolgsquote meint ein Mitarbeiter der JVA Tegel, dass von den in den Auswahlmannschaften aktiven Insassen etwa 25 Prozent den Sport in Freiheit weiterhin betreiben (Interview, 17. Februar 2011). Jedoch ist diese Zahl, in Bezug zur Menge der Nutzer des Sportprogramms und insbesondere zur Gesamtbelegung von rund 1400 Inhaftierten, verschwindend gering.

Sind die Misserfolge aus sportpädagogischer Sicht auch vorherrschend, so können die Mitarbeiter des Sportbüros der JVA Tegel trotzdem von einigen überdurchschnittlich positiven Erlebnissen mit Haftentlassenen berichten. Beispielsweise schaffte es ein im Sportprogramm der Anstalt sehr aktiver Insasse, nach seiner Entlassung an einer Universität angenommen zu werden und ein Lehramtsstudium im Fach Sport erfolgreich zu beenden. Auch hier könnte ein Übergangsmanagement, wie in Kapitel 5 näher vorgestellt, hilfreich sein, solche positiven Entwicklungen zu vermehren.

3.3   Schlussfolgerungen

Nimmt man die von Böhnke und Kollegen formulierten Empfehlungen vom Beginn der 1990er Jahre und die oben beispielhaft eruierte Situation des Sports während des Strafvollzugs heute, so kann man von einer durchaus positiven Entwicklung sprechen. Dass dabei im Jugendstrafvollzug bessere Bedingungen als im

Erwachsenenvollzug vorherrschen, begründet sich schon allein durch die unterschiedlichen vom Gesetzgeber vorgegebenen Regelungen. Ist man als Strafvollzugsanstalt nicht zu bestimmten Dingen verpflichtet, so entfällt auf diese bei der Finanzplanung eine geringere Gewichtung. Da die Beschäftigung von gut ausgebildeten Sportpädagogen und die Bereitstellung und Pflege von Sportanlagen eine sehr kostenintensive Disposition darstellt, wird unter Umständen am falschen Ende gespart. Denn auch wenn bis heute kein eindeutiger wissenschaftlicher Nachweis der resozialisierenden Wirkung des Sports erreicht werden konnte, so wird er doch als hilfreiches Mittel zur Reintegration und Sozialisierung gesehen. Es ist wissenschaftlicher Konsens, dass eine sportliche Aktivität im Zusammenwirken mit Dritten und im Kontext der bestehenden Regeln, ein geeignetes Übungsfeld sein kann, um sich im bestehen gesellschaftlichen System zurechtzufinden und einzuordnen (Vgl. Kapitel 2). Selbstverständlich darf dabei Sport nicht als Allheilmittel zur (Re-)Integration oder –Sozialisation von Straftätern postuliert werden, sondern als ein Teilbereich des gesellschaftlichen Zusammenlebens, welcher eine (Re-)Integrationsfunktion haben kann (Böhnke, 1992, S. 9). Trotz der insgesamt positiven Entwicklung der letzten 20 Jahre, kann man den Ausführungen Tolksdorfs (2006, 2009) folgen. In diesen stellt er fest, dass noch einige Verbesserungsmöglichkeiten innerhalb der Ausstattung und des Sportprogramms vorhanden sind. So berichtet er von einer bundesweit nach wie vor zahlenmäßig unzureichenden Beschäftigung von Sportpädagogen und enormen noch zu nutzenden interdisziplinären Potentialen des Sports innerhalb deutscher Haftanstalten.

4 Wege zurück in die Gesellschaft: Alternativen für Haftentlassene

„Viele Haftentlassene werden in eine Situation extremer sozialer Instabilität entlassen: arbeitslos, wohnungslos, hoch verschuldet und perspektivlos" (Cornel, Kawamura-Reindl, Maelicke, Sonnen, 2009, S. 208). Dazu kommen bei diesen Menschen weitere unterschiedlich ausgeprägte Voraussetzungen, die auf den Weg zurück in die Gesellschaft eine hohe Relevanz besitzen. Soziodemographische Faktoren, wie Alter, Familienstand, Familiensituation, Schulabschluss, Ausbildung oder Beruf und unter Umständen auch das Vorhandensein eines Migrationshintergrunds spielen dabei eine Rolle. Darüber hinaus können die Länge der Haftzeit und gegebenenfalls gerichtliche Auflagen Einfluss auf die Art und Weise des Starts in das Leben nach der Freiheitsstrafe haben. Wie in Kapitel 5.1 näher definiert besteht die für diese Arbeit relevante Zielgruppe aus Haftentlassenen im Alter von 18 bis 25 Jahren. Dies bedeutet allerdings keinesfalls, dass die oben genannten Rahmenbedingungen pauschalisiert auf diese Zielgruppe zutreffen. Es ist eher Gegenteiliges der Fall. Allein das Fehlen eines familiären Rückhalts oder eine Bewährungsauflage beeinflussen die Möglichkeiten einer gesellschaftlichen Wiedereingliederung entscheidend.

Der Entlassung ehemaliger Häftlinge unter unterschiedlichsten Bedingungen wurde in Deutschland mit der Einrichtung verschiedenster Institutionen Rechnung getragen. „Nach dem geltenden Bundesrecht des Strafvollzugsgesetztes werden Gefangenen [...] bei der Entlassung vielfältige soziale Hilfen angeboten. Die Hilfen sind darauf ausgerichtet, die Gefangenen in die Lage zu versetzen, ihre Angelegenheiten selbst zu regeln und ihren Wiedereintritt in die Gesellschaft nach der Haftentlassung zu erleichtern" (BMAS, 2008, S. 259). So begleitet zum Beispiel die Bewährungshilfe Menschen mit gerichtlichen Auflagen und sorgt für deren Einhaltung. Für junge Straftäter, die von einem Jugendgericht verpflichtet wurden, nach ihrer Haft Hilfe zur Erziehung in Anspruch zu nehmen, bilden ambulante und stationäre Einrichtungen der Jugendstraffälligenhilfe und öffentlicher Jugendhilfeträger Anlaufpunkte (Cornel et al., 2009, S. 128-137). Weiterhin existiert das grob strukturierte Konstrukt der Freien Straffälligenhilfe, die sich in drei Organisationsformen mit unterschiedlichen Leistungsspektren unterteilen lässt. Da bestehen in erster Linie spezifische Einrichtungen, die ausschließlich Freie Straffälligenhilfe wie Beratungsstellen und betreute Wohnmöglichkeiten anbieten. Weiterhin haben einige soziale Einrichtungen die Straffälligenhilfe in ihrem Leistungskatalog aufgeführt, sind aber in diesem Bereich nicht unbedingt spezialisiert. Als dritte Form der Freien Straffälligenhilfe können einige Einrichtungen der Freien Wohlfahrtspflege von Haftentlassenen in Anspruch genommen werden. Dabei handelt es sich vorwiegend um Institutionen der Wohnungslosen- oder Drogenhilfe, welche in der Regel andere Personengruppen versorgen (Cornel et al., 2009, S. 206). Im Folgenden wird auf drei häufig von Haftentlassenen eingeschlagene Wege näher eingegangen.

4.1 Auf Bewährung

Nach heute geltendem Recht, können deutsche Gerichte eine zu verbüßende Freiheitsstrafe in zwei Formen zur Bewährung aussetzen. Zum Einen als Aussetzung der Vollstreckung der gesamten Freiheitsstrafe (= Strafaussetzung zur Bewährung) gemäß § 56 StGB und zum Anderen als Aussetzung der Vollstreckung eines Strafrestes (= Strafrestaussetzung auf Bewährung) gemäß § 57, 57a StGB. Ein Gericht kann die Vollstreckung einer Freiheitsstrafe von nicht mehr als 2 Jahren für ihre gesamte Länge zur Bewährung aussetzen, „wenn zu erwarten ist, dass der Verurteilte sich schon die Verurteilung zur Warnung dienen lassen und künftig auch ohne die Einwirkung des Strafvollzugs keine Straftaten mehr begehen wird" (Cornel et al., 2009, S. 181). Im Jahr 2004 wurden 77,4% der verhängten Freiheitsstrafen zur Bewährung ausgesetzt. Diese primären Strafaussetzungen gehen in der Regel mit gerichtlichen Auflagen und Weisungen einher, wie zum Beispiel Schadens-wiedergutmachungen, Umgangsverbote mit bestimmten Personen oder die Auflage sich regelmäßig zu bestimmten Zeiten bei Gericht zu melden. Als Unterstützung wurde bei 31,3% der primär ausgesetzten Freiheitsstrafen, für die gesamte Dauer oder einen Teil der Bewährungszeit, ein Bewährungshelfer angeordnet. Gleiches gilt für 70% der Haftentlassenen, bei denen ein Strafrest unter Berücksichtigung der Sicherheitsinteressen der Allgemeinheit zur Bewährung ausgesetzt wurde (Zahlen: Jehle, Hohmann-Fricke, 2010, S. 68, 73).

Die Bewährungshilfe in Deutschland ist eine Einzelfallhilfe, die im Wesentlichen zwei Aufgabenbereiche abdecken soll. Einerseits wird durch den Bewährungshelfer eine Überwachungsfunktion hinsichtlich der vom Gericht vorgegebenen Auflagen und Weisungen ausgeübt. Desweiteren sollen durch ihn sozialintegrative Aufgaben, wie die Beratung, die Vermittlung von Hilfen, Arbeit und Wohnen und die Hilfe bei psychosozialen Problemen erfüllt werden. Allerdings muss sich die Arbeit der Bewährungshelfer, laut Grosser und Maelike (Cornel et al., 2009, S. 184), in diesem Bereich auf die persönliche Hilfe und Beratung beschränken. Aufgrund unzureichender Ressourcen und ihrer ordnungspolitischen Funktion, ist es der Bewährungshilfe nicht möglich, weitergehende Hilfen bezüglich der oftmals prekären Lebenslagen von Haftentlassenen anzubieten. Hierzu ist eine Weitervermittlung an freie soziale Dienste erforderlich um längerfristige Hilfen realisieren zu können. Haftentlassene, deren Strafrest auf Bewährung ausgesetzt wurde, stehen also nicht komplett allein vor der Aufgabe ihr Leben nach der Haft zu bewältigen. Allerdings können, wie angesprochen, Bewährungshelfer bei vielen Problemen nicht oder nur bedingt helfen. Bei Themen, wie Arbeit, Wohnen oder Schuldenregulierung sind die Betroffenen meist auf sich allein gestellt. Existiert in solchen Fällen kein unterstützender sozialer Hintergrund (z.B.: Familie, Freunde und Sportvereine) und ist darüber hinaus eine Vermittlung, beispielsweise an Einrichtungen der freien Straffälligenhilfe, erfolglos, so steigt die Wahrscheinlichkeit eines Rückfalls, wie in Kapitel 4.3 beschrieben, enorm. Immerhin liegt die Rückfallquote bei unter Bewährungsaufsicht Stehenden, laut Jehle (2010, S. 77), für das Jahr 2004 bei etwa 40 %.

4.2 Betreutes Wohnen für Haftentlassene

Um die Wiedereingliederung von Haftentlassenen mit und ohne Bewährungsauflagen erfolgreicher zu gestalten, bieten einige freie soziale Träger Einrichtungen für betreutes Wohnen an. So können Betroffene die Leistungen von Vereinen und Stiftungen, wie beispielsweise der Freien Hilfe Berlin e.V. oder der Universal-Stiftung Helmut Ziegner in Anspruch nehmen. Diese haben sich neben anderen Arbeitsbereichen der „sozialen Wiedereingliederung Strafgefangener, Haftentlassener und Gefährdeter sowie sozial benachteiligter junger Menschen" (Universal-Stiftung Helmut Ziegner, 2008, S. 14) bzw. der „(Re)-Integration Haftentlassener in das soziale und berufliche Leben" (Freie Hilfe Berlin e.V., 2010, S. 1) verschrieben.

In solchen gemeinnützigen Einrichtungen haben Betroffene die Möglichkeit in trägereigenen Wohnungen, Wohngemeinschaften oder Heimen untergebracht und umfangreich von Sozialarbeitern und –pädagogen betreut und unterstützt zu werden. Schwerpunkte dieser Hilfe und Betreuung ist die Förderung der Verselbständigung und damit die Vorbereitung auf eine eigenverantwortliche Lebensgestaltung. Auf der Grundlage eines zu schaffenden Bewusstseins für die bestehenden sozialen und persönlichen Schwierigkeiten und entsprechenden Lösungsstrategien, sollen mittel- und langfristige Lebensperspektiven erarbeitet werden. Dabei bilden die Aufarbeitung bestehender gerichtlicher Auflagen, die Hilfe beim Umgang mit Ämtern und Behörden, beim Erwerb und Erhalt der eigenen Wohnung, bei der Entschuldung und der Arbeitssuche und die Vermittlung einer sinnvollen Freizeitgestaltung die wesentlichen Ansatzpunkte (Universal-Stiftung Helmut Ziegner, 2008, S. 35 ff., & Freie Hilfe Berlin e.V., 2010, S. 7 und 8). Nach Auffassung eines Mitarbeiters des betreuten Gruppenwohnens der Freien Hilfe Berlin e.V. (Interview, 21. Februar 2011), bildet die Unterstützung bei der Arbeitssuche den absoluten Schwerpunkt bei der Arbeit mit Haftentlassenen. Ist es gelungen den Klienten in ein Arbeitsverhältnis zu bringen, wird dadurch der gesamte Tagesablauf neu strukturiert. Die freie Zeit wird infolge dessen anders genutzt und das Interesse an einer sinnvollen und ausgleichenden Freizeitbeschäftigung wird größer. Hier kann der Sport ein geeignetes Feld bieten, um dieses Interesse zu befriedigen und die soziale Entwicklung des Einzelnen positiv zu beeinflussen. Diesbezüglich werden im Kapitel 5 dieser Arbeit die Potentiale eines sportbezogenen Wohnprojekts als Übergangsmanagement für Haftentlassene näher beleuchtet.

Die nötigen Voraussetzungen zum Aufbau eines geregelten und selbstverantwortlichen Lebens können also im Rahmen solcher Wohnprojekte geschaffen werden. Nicht selten weisen die oben genannten Bereiche und Ziele der Hilfe sogar Generalisierungseffekte in andere Lebensbereiche auf. Über gemeinschaftliches Wohnen und die damit abgeforderte Einhaltung von Regeln, Gruppensitzungen und eine gemeinsame Freizeitgestaltung, wie sportliche Aktivität, werden soziale Kompetenzen vermittelt und eingeübt. Dabei ist es möglich Eigenschaften, wie Teamfähigkeit, Rücksichtnahme und Verantwortungs- bewusstsein oder die Integrationsfähigkeit eines Klienten zu verbessern. Das wiederum macht es für die betreffende Person gegebenenfalls einfacher sich in einem neuen Kollegium, einem Sportverein oder anderen Gruppen einzugliedern. Denn genau hier liegen nach Einschätzung eines Mitarbeiters des betreuten Gruppenwohnens der Freien Hilfe Berlin e.V. (Interview, 21. Februar 2011) die größten Probleme. Die Zielgruppe seiner Einrichtung, junge Erwachsene im

Alter von 18 bis 27 Jahren, hat es in den meisten Fällen nie gelernt eigenverantwortlich zu handeln. Sie sind oft nicht in der Lage sich unterzuordnen, für ihr Leben aufzukommen oder geschweige denn ihre freie Zeit sinnvoll und nicht straffällig werdend zu gestalten. Darüber hinaus besteht auch hier bei vielen eine erhebliche Drogenproblematik, die negativen Einfluss auf die Prioritätensetzung der Klienten hat.

Ist ein Haftentlassener Willens sein Leben in Zukunft selbstständig, in eigener Verantwortung und straffrei zu verbringen, so bieten Wohnprojekte dieser Art eine sinnvolle Alternative. Oft besteht das in Kapitel 4.3 angesprochene Problem der Wohnungs- und Orientierungslosigkeit durch eine fehlende familiäre und soziale Basis im Leben der aus der Haft Entlassenen. Hier kann die Inanspruchnahme einer solchen sozialen Dienstleistung die nötigen Strukturen aufbauen, unterstützend wirken sowie sozialen und psychologischen Halt geben. Desweiteren ist es auf diesem Wege möglich, die Betroffenen mit deren Mithilfe und eigener Motivation von ihrem gegebenenfalls vorhandenen kriminellen sozialen Umfeld fernzuhalten.

4.3 Worst Case: Notunterkunft, Obdachlosigkeit, Rückfall

Wird ein Straftäter zu einer Freiheitsstrafe verurteilt, nimmt man in Kauf, „dass die sozialen Netzwerke der Betroffenen stark beeinträchtigt beziehungsweise zerstört werden" (Bakemeier, 2009, S. 9). Diese Beeinträchtigungen, so führt Bakemeier weiter aus, haben nicht nur Auswirkungen auf die sozialen Kontakte zu Familien, Freunden und Bekannten, sondern machen sich auch wesentlich in Lebensbereichen wie der Erwerbstätigkeit und Wohnsituation bemerkbar. Untersuchungen der Bundesregierung (BMAS, 2008, S. 170) ergaben, dass etwa 20% der Gefangenen zum Zeitpunkt der Inhaftierung in ungesicherten Wohnverhältnissen lebten oder obdachlos waren. Es ist anzunehmen, dass dieser Prozentsatz bezüglich des Zeitpunkts der Haftentlassung ein noch höherer ist. Laut BMAS (2008) waren darüber hinaus etwa 62% schon mit dem Haftantritt verschuldet. Fehlt in einer Situation der eigenen Obdachlosigkeit und Verschuldung ein funktionierender sozialer bzw. familiärer Hintergrund, so machen sich bei den Betroffenen schnell Verzweiflung und Ratlosigkeit breit. Haftentlassenen, die bereit sind Hilfe anzunehmen und sich an Beratungsstellen wenden, kann mit einer Vermittlung in Wohn-, Therapie- oder andere Hilfsprojekte geholfen werden. Andere haben mit multiplen Problemen, also Kombinationen von mehreren Schwierigkeiten, wie Sucht, Verschuldung, Wohnungs- oder Arbeitslosigkeit, umzugehen. Fehlt hier die soziale Unterstützung, sind Personen mit „dieser Situation schnell überfordert, resignieren trotz guter Vorsätze und orientieren sich zum Teil zurück in gefährdende Submilieus. Das Rückfallrisiko steigt" (Bakemeier, 2009, S. 10). In extremen Fällen können wohnungslose Haftentlassene die Angebote von Einrichtungen der Freien Wohlfahrtspflege, wie Notübernachtungen, Bahnhofsdienste oder Beratungsstellen für Straffällige, in Anspruch nehmen. Jedoch können diese Einrichtungen lediglich informierend, beratend und grundversorgend tätig werden (Land Berlin, 2006, S. 28).

Ist der Betroffene an diesem Punkt der Hilflosigkeit angekommen, kommt es häufig zum „Worst Case", zum schlimmsten zu erwartende Ereignis – einem Rückfall, also die Begehung neuer Straftaten. Jedoch soll dies nicht bedeuten, dass nur Haftentlassene in solch prekären Situationen zu einer erneuten Straffälligkeit neigen. Welchen Lebensweg ein Freigekommener nach der Haftzeit auch einschlägt, es besteht in den meisten Fällen ein nicht geringes Rückfallrisiko. Immerhin wird knapp die Hälfte derjenigen, die aus einer Freiheitsstrafe im Erwachsenenvollzug frei kommen wieder rückfällig. Die Rückfallraten bei abgebüßten Jugendstrafen sind sogar noch alarmierender. Etwa 70% der Haftentlassenen, die eine Jugendstrafe zu verbüßen hatten, wurden in den drei Jahren nach der Haft erneut straffällig.

5   Resozialisierungsmotor Sport?

Potentiale eines sportbezogenen Wohnprojekt für junge Haftentlassene

In den vorrangegangenen Kapiteln wurde bereits mehrfach darauf aufmerksam gemacht, dass für die Überlegung, dem Sport eine gewichtigere Bedeutung im Resozialisierungs-prozess von Straftätern zu geben, durchaus sinnvolle Ansatzpunkte gegeben sind. Innerhalb deutscher Haftanstalten wurde das Potential des Sports als Mittel zur Reintegration mittlerweile erkannt (Vgl. Kapitel 3.1) und die Einsatzfelder werden nach und nach vermehrt und optimiert. Doch diese Verbesserungen greifen nur für die Zeit während der Haft. Es stellt sich also die Frage, welche Rolle der Sport in Einrichtungen für Haftentlassene spielt. Einem Mitarbeiter der Berliner Wohn- und Haftentlassenenhilfe sind keine sportbezogenen Wohnprojekte bekannt (telefonisches Interview, 16. Februar 2011). Auch Anfragen bei einigen freien Trägern, die Einrichtungen der Straffälligenhilfe anbieten, haben ergeben, dass sich das sportliche Angebot in der Regel auf Ausflüge oder kleinere Sporträume mit einer begrenzten Anzahl an Sportgeräten beschränkt. Dies begründet der Mitarbeiter des betreuten Gruppenwohnens der Freien Hilfe Berlin e.V. (Interview, 21. Februar 2011) mit einer Fokussierung der Haftentlassenenhilfe auf die Arbeits- und Wohnungssuche. Da sei meist zu wenig Zeit und oft kaum Interesse von Seiten der Betroffenen vorhanden, um ein sinnvolles sportpädagogisches Zusammenarbeiten zu ermöglichen, führt er weiter aus.

In diesem Kapitel sollen Möglichkeiten erörtert werden, den Sport als Instrument zur gesellschaftlichen Reintegration in eine Wohneinrichtung für Haftentlassene einzubinden. Zur strukturellen Orientierung wurde hier die „Konzeption für das Leistungsangebot Betreutes Gruppenwohnen (BGW) für Haftentlassene und Wohnungslose nach § 67 SGB XII" der Freien Hilfe Berlin e. V. herangezogen.

Schwerpunkte dieser Untersuchung stellen dabei nicht nur die bereits erwähnten Potentiale des Sports beim Erlernen sozialer Kompetenzen dar. Der Sport soll auch dazu genutzt werden, den Betroffenen ein realistisches Bild der eigenen Persönlichkeit zu vermitteln. Dies beinhaltet die Bewusstseinsschaffung für individuelle Stärken und Schwächen, sowie Möglichkeiten zu erarbeiten mit Problemen und Aggressionen umzugehen. Darüber hinaus werden Möglichkeiten der beruflichen Entwicklung innerhalb der Sportbranche als ein Beitrag zur gesellschaftlichen Wiedereingliederung diskutiert.

5.1 Die Zielgruppe

Die Zielgruppe für das vorgesehene sozial- und sportpädagogische Wohnprojekt wird zur Vereinfachung bezüglich des Alters und Geschlechts teilhomogenisiert. Die Folgenden Ausführungen beziehen sich ausschließlich auf männliche Klienten im Alter von 18 bis 25 Jahren, die durch einen Gesetzesverstoß straffällig geworden sind und eine Haftstrafe im Strafvollzug bzw. im Jugendstrafvollzug zu verbüßen hatten. Ferner sollten alle Projektteilnehmer ein grundsätzliches Interesse an sportlicher Aktivität aufweisen.

Gründe für diese Simplifizierung sind die bei weiblichen und/oder älteren Haftentlassenen unterschiedlichen Problemlagen und Voraussetzungen. Allein die verschiedenen geschlechtsspezifischen Entwicklungs- und Sozialisationsbedingungen ergeben differente pädagogische Ansatzpunkte. Hinzu kommt, dass sich die Entlassung und Nachbetreuung weiblicher Straffälliger schwieriger gestaltet als bei Männern und die relevanten Probleme anders gelagert sind (Kaiser, Schöch, 2002, S. 435). Auch ältere Inhaftierte bringen hier von der gewählten Zielgruppe abweichende Voraussetzung für eine Wiedereingliederung in die Gesellschaft mit. So unterscheiden sich die Voraussetzungen für eine pädagogische Betreuung unter anderem durch die Auswirkungen langjähriger Haftstrafen, anders gelagerte Deliktverteilungen und erschwerte altersbedingte Integrationsmöglichkeiten auf dem Arbeitsmarkt und dem sozialen Leben.

Generell stehen Menschen, die aus der Haft entlassen werden, vor einer Vielzahl von Problemen. Während der Haft wurden viele soziale Beziehungen abgebrochen, sodass sich bei der Entlassung oft eine enorme soziale Instabilität ergibt. Diese Situation geht oft mit Wohnungs- und Arbeitslosigkeit einher und bietet wenig Perspektiven für die Zukunft. Im Rahmen einer Befragung wurde festgestellt, dass „überdurchschnittlich häufiges Fehlen eines Schulabschlusses bzw. vielfach niedrigere Schulabschlüsse als im Durchschnitt, häufiges Fehlen einer Berufsausbildung, starke Betroffenheit durch Schulden, Drogen- und Alkoholabhängigkeit kennzeichnend" für die Gruppe der Inhaftierten sind (BMAS, 2008, S. 173). So haben ein Drittel aller Straffälligen erhebliche Suchtprobleme und

-erkrankungen und etwa 42 Prozent leiden an Viruserkrankungen und anderen schweren körperlichen Beeinträchtigungen. Außerdem haben über 60 Prozent keinen oder nur einen geringen Hauptschulabschluss, 40% haben keine Berufsausbildung und zwei Drittel sind mit durchschnittlich 40.437 Euro verschuldet (Cornel et al., 2009, S. 208). Es ist davon auszugehen, dass diese Probleme größtenteils auch noch zum Zeitpunkt der Haftentlassung vorherrschend sind.

Darüber hinaus weisen die meisten Straffälligen Defizite bezüglich der Ausprägung sozialer Kompetenzen auf. Hier hat der komplexe Prozess der Sozialisation, der die Entwicklung des Menschen zu einem handlungsfähigen Teil der ihn umgebenden Gesellschaft zum Inhalt hat (vgl. Kapitel 2), oft gar nicht, unzureichend oder fehlerhaft stattgefunden. Selten war ein funktionierendes familiäres Umfeld vorhanden, wodurch der Betroffene in seiner Jugend nur unzureichend sozialisiert wurde. Dafür fand die Sozialisation in vielen Fällen in kriminellen Submilieus statt.

Vielen Betroffenen ist es häufig nicht möglich, allein mit der oben beschriebenen Situation der Unsicherheit umzugehen. In diesen Fällen haben sie die Möglichkeit sich selbstständig hilfesuchend an eine soziale Wohneinrichtung zu wenden oder sie werden von anderen Einrichtungen der Straffälligenhilfe, wie Beratungsstellen oder Bewährungshilfen, an solche vermittelt. Um dort aufgenommen zu werden, erfolgt eine Hilfebedarfsermittlung, welche auf der rechtlichen Grundlage des § 67 SGB XII[2] erfolgt. Die Prüfung der Leistungsberechtigung wird im Rahmen von Gesprächen bereits in den Justizvollzugsanstalten oder in den Räumlichkeiten der Einrichtung vom Leistungsträger (Sozial- oder Jugendämter) durchgeführt. Wird ein Hilfebedarf festgestellt, wird der Klient in der Einrichtung aufgenommen und der Leistungsträger übernimmt die Kosten für die Hilfeleistungen. (Freie Hilfe Berlin e.V., 2010, S. 7)

---

[2] § 67 SGB XII Leistungsberechtigte: „Personen, bei denen besondere Lebensverhältnisse mit sozialen Schwierigkeiten verbunden sind, sind Leistungen zur Überwindung dieser Schwierigkeiten zu erbringen, wenn sie aus eigener Kraft hierzu nicht fähig sind. Soweit der Bedarf durch Leistungen nach anderen Vorschriften dieses Buches oder des Achten Buches gedeckt wird, gehen diese der Leistung nach Satz 1 vor."

5.2 Betreuungsinhalte und Ziele

Der Aufnahme eines Klienten in die Wohneinrichtung folgt die Erstellung eines Hilfeplans. Dabei sollen die Maßnahmen in erster Linie „unter Berücksichtigung der allgemeinen Zielsetzung gemäß § 67 SGB XII zu einer eigenständigen und eigenverantwortlichen Lebens- und Haushaltsführung in eigenem Wohnraum befähigen" (Freie Hilfe Berlin e.V., 2010, S. 5). Darüber hinaus sollen vor allem mittels des Sports zwischenmenschliche Schwierigkeiten gemildert und soziale und familiäre Kontakte wiederhergestellt werden. Grundvoraussetzungen dafür sind das Interesse an sportlicher Aktivität und die Bereitschaft der Klienten, Hilfe anzunehmen.

 Die Betreuungsleistung umfasst, angelehnt an die Konzepte der Universal-Stiftung Ziegner und der Freien Hilfe e.V., die Bereiche der Information, Beratung und Anleitung. Bezüglich des hier vorgeschlagenen sportorientierten Wohnprojekts, kommt der vierte Bereich des Sports hinzu.

Zu jedem Zeitpunkt der Zusammenarbeit werden die Klienten umfassend über das Leistungsspektrum der Einrichtung und über Angebote von Kooperationspartnern und anderen spezifischen Hilfeangeboten (z.B. Sportvereine bzw. Therapiezentren) informiert. Desweiteren sind die Sozialarbeiter und –pädagogen beratend tätig. Hierbei stehen Themen, wie Wohnungs- und Arbeitssuche, Antragstellung hinsichtlich weiterführender Sozialleistungen, Schuldenregulierung, Wiederherstellung eines sozialen Netzwerks und die Bearbeitung persönlicher Problemschwerpunkte (u.a. Sucht, Gewalt) im Vordergrund. Da die Leistungsnehmer gemäß § 67 SGB XII nicht in der Lage sind, ihre schwierige Lebenssituation aus eigener Kraft zu bewältigen, werden sie durch das qualifizierte Personal vielseitig angeleitet. So erhalten sie Unterstützung bei alltäglichen Dingen, wie der Haushaltsführung, den Finanzen und der Einhaltung von Pflichten sowie bei ungewohnten Situationen, wie Behördengängen. Als vierter Schwerpunkt der Betreuung soll der Sport helfen, die Maßnahmenziele des Hilfeplans zu erreichen. Wie bereits mehrfach erwähnt, bietet er ein soziales Übungsfeld, kann zur Gewinnung eines realistischen Selbstkonzepts und damit zur Bewältigung von persönlichen Problemen beitragen. Diesbezüglich folgt man der Annahme, dass im Sport erlernte soziale und persönliche Kompetenzen vom Individuum in andere Lebensbereiche übernommen werden, also Generalisierungseffekte auftreten

(Brinkhoff, 1998, S. 48). Somit können positive Effekte auf die Arbeitssituation, die soziale Integration, gegeben falls das Therapieprogramm u.v.m. erzielt werden.

5.2.1 Die Suche nach einem Arbeitsplatz

Der Dritte Armuts- und Reichtumsbericht der Bundesregierung (2008) hat festgestellt, dass Inhaftierte sehr häufig nur über ein sehr schlechtes Bildungsniveau verfügen. Innerhalb der Haftanstalten wird zwar versucht schulische und berufsqualifizierende Versäumnisse aufzuholen, jedoch können nur die wenigsten Straffälligen nach der Haftzeit direkt in ein Arbeits- oder Ausbildungsverhältnis vermittelt werden. Daraus ergibt sich für die Praxis der Haftentlassenenhilfe ein Schwerpunkt in der Suche nach einem Arbeitsplatz mit und für die Betroffenen. Denn das Rückfallrisiko sinkt deutlich, wenn die Menschen Abriet haben (Bakemeier, 2009, S. 10).

Das Erwirtschaften der finanziellen Mittel zur Sicherung des eigenen Lebensunterhalts bildet für jeden Menschen die Grundlage für ein eigenverantwortliches und selbstständiges Leben. Ein mit Vergütung verbundenes Arbeitsverhältnis ermöglicht die Finanzierung einer Wohnung und die Versorgung mit Gütern des täglichen Bedarfs. Zudem bringt der tägliche Gang zur Arbeit eine gewisse Struktur in den meist unorganisierten Tagesablauf (Interview, 21. Februar 2011). Straffällig gewordene junge Erwachsene hatten vor ihrer Inhaftierung meist komplette Handlungsfreiheit, wurden in den Anstalten dann intensiv reglementiert und verfallen nach der Haftentlassung häufig in alte Verhaltensmuster zurück. Hier können die strukturellen Eigenschaften einer Arbeitswoche den Betroffenen helfen, ihren Alltag zu sinnvoll zu planen.

Oftmals ist die Suche nach einem Arbeitsplatz erfolglos oder es ist aufgrund einer unzureichenden schulischen und beruflichen Ausbildung nicht möglich dem Klienten Arbeit zu verschaffen. In diesen Fällen wird der Betroffene entweder dabei unterstützt, sich über Schulabschlüsse oder Ausbildungen für den Arbeitsmarkt zu befähigen oder ihm wird anleitend bei der Beantragung von finanziellen Sozialleistungen (Arbeitslosengeld, Wohngeld etc.) geholfen.

Einen Strafentlassenen in Arbeit zu vermitteln ist aufgrund verbreiteter Vorbehalte gegenüber dieser Gruppe erfahrungsgemäß schwierig (Bakemeier, 2009, S. 10). So ist enorm wichtig Arbeitgeber für Kooperationen zu gewinnen und ihnen in der

Folgezeit bei gegebenenfalls auftretenden Problemen für eine Konfliktregulierung zur Verfügung zu stehen. Bakemeier empfiehlt überdies die Schnittstellen zu Arbeitsagenturen und Bildungs- und Qualifizierungsträgern in ähnlicher Weise zu gestalten.

5.2.2 Wohnungssuche

Haftentlassene sind oft nicht nur unfähig für ihren Lebensunterhalt aufzukommen, sondern weisen darüber hinaus auch häufig Schwierigkeiten bei der Haushaltsführung in einer eigenen Wohnung auf. Gerade bei längeren Haftaufenthalten, schon vorangegangener Obdachlosigkeit oder Unerfahrenheit diesbezüglich sind die Betroffenen nicht mehr bzw. waren noch nie in der Lage eigenverantwortlich zu leben und zu wohnen. Bevor also im Rahmen der Hilfeleistungen eines Betreuten Gruppenwohnens nach einer eigenen Wohnung für den Klienten gesucht wird, muss dieser zuerst umfangreich vorbereitet werden. In Form einer pädagogischen Anleitung erfährt der Betroffene Unterstützung bei der Organisation des Alltags und soll zur Eigenständigkeit befähigt werden. Desweiteren soll er die Grundlagen der selbstständigen Haushaltsführung erlernen, in die Lage versetzt werden sich selbst versorgen und das Einkommen einteilen zu können.

Gemeinsam mit Klienten, die nach Einschätzung der Mitarbeiter und des Leistungsträgers im Stande sind selbständig einen eigenen Haushalt zu führen, wird dann adäquater Wohnraum gesucht.

5.2.3 Schaffung eines sozialen Netzwerk

Der dritte wesentliche Bestandteil der Hilfeleistung innerhalb eines Wohnprojekts für Haftentlassene ist die Wiederherstellung bzw. Schaffung eines sozialen Netzwerks[3]. Einerseits ist es oft notwendig den Betroffenen zu helfen abgebrochene soziale Beziehungen wiederherzustellen oder für den Resozialisierungsprozess ungünstige Kontakte dauerhaft zu unterbinden. Das Herauslösen aus einem von vor der Haft vorhanden kriminellen Umfeld ist für die positive Entwicklung der Betroffenen wichtig, kann aber die soziale Isolation steigern. Die ‚Clique' war in vielen Fällen der Familienersatz. Sie gab Rückhalt in schwierigen Situationen, bot Vorbilder und Raum

---

[3] „Unter einem sozialen Netzwerk versteht man die gesamte Beziehungsstruktur, die eine Person im Laufe der Zeit zu einzelnen Menschen, formellen oder informellen Gruppen, zu Lebenspartnern, Familienmitgliedern, Nachbarn, Arbeitskollegen, Sportkameraden aufbaut" (Brinkhoff, 1998, S. 238).

zum Finden von Bestätigung und Anerkennung. Damit diese sozialen Aufgaben von einem nichtkriminellen Umfeld erfüllt werden, ist es für die Arbeit mit Haftentlassenen von immenser Bedeutung die Beziehung zu Familienmitgliedern wiederherzustellen oder zu stärken.

Andererseits bildet ein positiv beeinflussender Freundeskreis einen grundlegenden Bestandteil eines funktionierenden sozialen Netzwerks. Hier besteht die Hilfeleistung der Einrichtung in der Schaffung von Gelegenheiten zum knüpfen neuer Kontakte. Dies wird zum Einen über die Durchführung von Gruppensitzungen, die Vermittlung in Arbeits- bzw. Ausbildungsverhältnisse, die Angebote von Kooperationspartnern und vor allem durch das breit gefächerte Angebot sportlicher Aktivitäten realisiert.

5.3 Umfang des Wohnprojekts

Die Dimensionen eines sportbezogenen Wohnprojekts für Haftentlassene orientieren sich an den besonderen Anforderungen der Zielgruppe und den sport- und sozialpädagogischen Zielstellungen. So „benötigen jüngere Personen eine spezifische Einbindung in soziale Strukturen, die durch angeleitete Gruppenarbeit erreicht werden kann und bevorzugen das Zusammenleben mit eher Gleichaltrigen" (Freie Hilfe e.V., 2010, S. 5). Die Anzahl der Klienten beläuft sich dabei auf 10 bis 15, wobei diese in Zwei- bzw. Drei-Zimmer-Wohnungen zusammen leben. Dies gewährleistet eine sozialpädagogische Gruppenarbeit und ermöglicht die Entstehung gruppendynamischer Effekte zur Überwindung sozialer Schwierigkeiten. Darüber hinaus bieten Sozialarbeiter eine arbeitstägliche Unterstützung und Begleitung, welche eine individuelle Arbeit in Form von Einzelfallhilfe und Gruppenarbeit erlauben (Freie Hilfe Berlin e.V., 2010, S. 5).

Wie bereits dargestellt, bietet der Sport hinsichtlich der Resozialisierung junger Straffälliger ebenfalls einige hilfreiche Potentiale und bildet aus diesem Grund einen Schwerpunkt des Programms dieser Wohneinrichtung. Er ist ein wesentlicher Bestandteil im Angebot der Gruppenarbeit. Das Konzept der Freien Hilfe Berlin e.V. sieht vor, dass die „Arbeit mit der Gruppe in einem strukturierten Wochen-, Monats- bzw. Jahresablauf mit festen Terminen für die Bewohner" realisiert wird (Freie Hilfe Berlin e.V., 2010, S. 9). Dieser Rahmenplan wird für das hier vorgesehene Projekt übernommen und um den Bereich Sport erweitert.

Das Angebot des Betreuten Gruppenwohnens sieht einmal pro Woche eine Gruppenzusammenkunft vor. Diese dient dem regelmäßigen Reflektieren von auftretenden Problemen, der Planung von Aktivitäten und dem Diskutieren thematischer Schwerpunkte. Weiterhin kommen die Bewohner wöchentlich zum gemeinsamen Kochen und Essen zusammen. Dies schließt die Planung und das Einkaufen der benötigten Lebensmittel genauso ein, wie das gemeinschaftliche Aufräumen. Für die allgemeine Reinigung der Gemeinschaftsräume ist darüber hinaus ebenfalls ein Termin allwöchentlich vorgesehen. Diese Terminierungen dienen der Befähigung zur eigenständigen Haushaltsführung, der Bewältigung von alltäglichen Problemen und auch der Milderung von zwischenmenschlichen Schwierigkeiten (Freie Hilfe Berlin e.V., 2010, S. 9).

An allen weiteren Tagen der Woche werden Sportgruppen angeboten, welche auf breitensportlichen Niveau den Bewohnern die Möglichkeit bieten Fußball, Handball oder Basketball zu spielen. Der Fokus liegt auf Ball- bzw. Mannschaftssportarten, da diese hinsichtlich der oben genannten Zielstellungen am zweckmäßigsten sind. Diese Angebote werden in oder auf Sportanlagen von kooperierenden Sportvereinen durchgeführt. Darüber hinaus besteht die Möglichkeit eine informelle Laufgruppe anzubieten. Tischtennisplatten stehen den Bewohnern innerhalb der Einrichtung ebenfalls zur Verfügung. Nähere Erläuterungen zu den möglichen spezifischen Effekten des Sportprogramms auf die individuelle Entwicklung der Betroffenen werden im folgenden Kapitel dargelegt.

Einmal im Monat sieht das Programm Ausflüge vor, an deren Planung die Bewohner beteiligt sind. Inhaltlich wird hier der Schwerpunkt auf sportlichen Outdoor-Aktivitäten[4] liegen. Diese stellen einen Teil der Gruppenarbeit dar und können zielführend eingesetzt werden. Nach Ergebnissen einer Untersuchung von Günter Amesberger (1992) können Aktivitäten dieser Art die allgemeine Befindlichkeit, den Selbstwert und die Selbstwirksamkeit, die Zielorientiertheit sowie die Konflikt- und Beziehungsfähigkeit der Teilnehmer heben bzw. verbessern. Beispielsweise bieten hier Hochseilgärten und Kanu- oder Fahrradtouren einen geeigneten Rahmen. Aber auch Tages- bzw. Wochenendausflüge zum Klettern ins Elbsandsteingebirge oder

---

[4] „Unter Outdoor-Aktivitäten werden bewegungs- und sportbezogene Aktivitäten in einer möglichst wenig beeinträchtigten Natur verstanden. Diese Aktivitäten finden in einem sozial und räumlich anderen – für die Teilnehmer herausfordernden, anregenden, aber auch ungewöhnlichen – Bereich statt, in einem Bereich, der für die Teilnehmer im wesentlichen neu ist, das heißt, sie werden aus ihrem sozialen Umfeld herausgeholt" (Amesberger, 1992, S. 9).

zum Wintersport im Erzgebirge können einen Teil des abwechslungsreichen Programms bilden.

Weitere feste Termine für die Bewohner bilden Feste, wie Geburtstage, Ostern oder Weihnachten. Dies kann die Gruppendynamik innerhalb der Einrichtung fördern und hilfreich bei der Wiederherstellung der familiären und sozialen Kontakte sein.

Grundsätzlich ist die Inanspruchnahme der Hilfeleistung dieser betreuten Wohneinrichtung freiwillig. Allerdings ist es zur erfolgreichen Durchführung des Projekts notwendig, dass sich Bewohner und Mitarbeiter an bestimmte Vereinbarung halten. So gelten eine Hausordnung und einige Verhaltensregeln, über die alle Beteiligten zu Beginn der Zusammenarbeit informiert werden. Überdies besteht für alle internen sozialpädagogischen Termine, die Ausflüge sowie für zwei Sportangebote pro Woche für jeden Bewohner teilnahmepflicht.

Die Einhaltung vereinbarter Regeln, sowie sie sozial- und sportpädagogische Arbeit wird von mindestens vier gut ausgebildeten Mitarbeitern realisiert. Da das Konzept dieser Einrichtung auf dem interdisziplinären Zusammenwirken von Pädagogen, Sozialarbeitern, Sportwissenschaftlern und gegebenenfalls Psychologen basiert, ist die personelle Strukturierung von entscheidender Bedeutung.

5.4 Schwerpunkt Sport als Hilfe zur Selbsthilfe

Dass Sport positiven Einfluss auf die Persönlichkeitsentwicklung eines Menschen im Kontext der ihn umgebenden Gesellschaft haben kann, wurde bereits ausführlich in Kapitel 2 erläutert. Demnach lässt sich die logische Schlussfolgerung ziehen, dass er nicht nur der Sozialisation, sondern eben auch bei der Resozialisierung von Straffälligen dienlich ist. In welchen individuellen und sozialen Bereichen der Sport dabei positive Effekte auslösen kann, wird im Folgenden näher erläutert.

5.4.1 Gesundes Sozialverhalten durch Mannschaftssport

Von einem gesunden Sozialverhalten kann gesprochen werden, wenn das Individuum die vorherrschenden gesellschaftlichen Normen und Werte verinnerlicht hat und die damit verbundenen Regeln und Umgangsformen beachtet. Wie Baur (1989, S. 34) schon feststellte, stellt der Sport ein reglementiertes Subsystem der Gesellschaft dar, in dem jeder Protagonist eine Rolle einnimmt und damit zur

Stabilität des Systems beiträgt. Dabei wird insbesondere in Mannschaftssportarten von den Teilnehmern ein hohes Maß an Akzeptanz von vielseitig ausgeprägten Regeln abverlangt. Neben dem Regelwerk der Sportart gelten auch bestimmte Umgangsformen, das Prinzip der Fairness und spielspezifische Vorgaben des Trainers, die zu beachten sind. Desweiteren ist es für ein funktionierendes Mannschaftsgefüge enorm wichtig, dass sich die einzelnen Protagonisten ihrer Rolle bewusst werden und sich entsprechend ihrer Aufgaben in die Gruppe einfügen. Dazu gehört das Respektieren von Autoritäten, das Akzeptieren von Mannschaftskameraden und nicht zuletzt die Entwicklung eines gewissen Teamgeistes. Auf Grund diese Anforderungen liegt der Fokus des Sportprogramms im Rahmen des vorgestellten Wohnprojekts auf der gemeinsamen Aktivität in Mannschaftssportarten.

Wie oben dargelegt, treffen sich die Sportgruppen zwei Mal in einer Woche. Neben dem Training ist es sinnvoll den Teilnehmern die Möglichkeit zu geben, sich in Wettkämpfen mit anderen Mannschaften zu messen. In den besagten Sportarten Fußball, Handball und Basketball existieren in vielen Regionen Deutschlands einige Freizeitligen, in denen regelmäßig auf breitensportlichem Niveau ohne größeren finanziellen Aufwand Meisterschaften ausgespielt werden. Diese Teilnahme an einem Ligabetrieb gibt der Gruppe ein Ziel, wodurch die Motivation und der Zusammenhalt gesteigert werden kann.

Die Betreuung wird dabei von mindestens einem ausgebildeten Sportpädagogen mit einer Übungsleiterlizenz des jeweiligen Sportverbandes durchgeführt. Das Vorhandensein dieser fachlichen Kompetenzen ist enorm wichtig, um das Erreichen der nicht nur sportlichen Ziele zu ermöglichen. Denn „Übungsleiter und Trainer [...] besitzen erhebliche Möglichkeiten pädagogisch zu wirken. Sie lehren nicht nur den ‚Fallrückzieher‘ und den ‚Sprungwurf‘, sondern bestimmen in hohem Maße das Klima des menschlichen Miteinanders, bestimmen den Stellenwert von Leistung, Gruppenkohäsion und sozialer Integration, verfolgen die Entwicklung jedes einzelnen und legen Normen und Werte fest, die weit über den Sport hinaus wirken" (Brinkhoff, 1998, S. 281). Brinkhoff nennt hier die für den Sport im Rahmen des Wohnprojekts wesentlichen pädagogischen Ansatzpunkte und spricht die angestrebten Generalisierungseffekte an. Natürlich geht es um den Spaß an der Bewegung, das Erlernen neuer sportartenspezifischer Fertigkeiten und den gemeinsamen sportlichen

Erfolg. Es sollen darüber hinaus aber vor allem soziale Kompetenzen vermittelt werden. Die Mitglieder einer Mannschaft müssen sich ihren Aufgaben und Rollen entsprechend in das Konstrukt einfügen, müssen sich respektieren und einander unterstützen. Ein fairer Umgang untereinander, mit Mitgliedern anderer Mannschaften und mit offiziellen Akteuren ist dabei genauso wichtig, wie das Einhalten der Regularien. Diese speziellen Anforderungen von Mannschaftssportarten machen diese zu einem sozialen Übungsfeld und ermöglichen damit die Übernahme gelernter Kompetenzen in andere Lebensbereiche im besonders hohen Maße. Ist es einem Teilnehmer gelungen die Verhaltensregeln, Normen und Werte des Sports zu verinnerlichen, so bestehen gute Chancen, dass er diese auch in folgenden Gruppensituationen, zum Beispiel in der Arbeitswelt oder in der Freizeit, anwendet bzw. akzeptiert.

5.4.2   Realistisches Selbstkonzept durch regelmäßige Sportpartizipation

Das Selbstkonzept eines Menschen wird als „die Gesamtheit der auf die eigene Person bezogenen Beurteilungen definiert" (Alfermann, Stiller, 2008, S. 15). Dies beinhaltet nach Alfermann und Stiller eine differenzierte Sicht auf eigene motorische, kognitive, emotionale und soziale Fähigkeiten, als auch die Bewertung der eigenen Person und des eigenen Körpers. Viele Menschen aus der Gruppe der Straffälligen weisen diesbezüglich ein sehr verzerrtes Selbstbild auf (Interview, 17. Februar 2011). Ihre Vergangenheit in schwierigen sozialen und meist kriminellen Umfeldern und die Erfahrungen während der Haftzeit ließen oft keine objektive Auseinandersetzung mit dem eigenen Ich zu. In Milieus, in denen das ständige Präsentieren von Stärke überlebenswichtig scheint und das zeigen von Schwäche ein Tabu ist, fand sich keine Zeit, bestand kein Anlass oder konnte es sogar hinderlich sein, ehrlich mit sich und der Umwelt umzugehen. Um aber im geordneten gesellschaftlichen System zurechtzukommen ist es notwendig ein relativ realistisches Selbstbild zu haben.

Ob der Sport hier einen günstigen Einfluss auf die Entwicklung eines positiven Selbstkonzepts haben kann, ist nicht eindeutig wissenschaftlich bewiesen. Jedoch scheint der sportliche Rahmen des Mannschaftssports geeignet um den Akteuren motorische als auch soziale Stärken und Schwächen aufzuzeigen. So sollte im Sinne einer gelingenden Wiedereingliederung in die Gesellschaft ressourcenorientiert gearbeitet und individuelle Fähigkeiten stärker hervorgehoben werden (Lenk, 2006, S. 80). Darüber hinaus gelten folgende Zusammenhänge als bestätigt. Für Teilbereiche des Selbstkonzepts lassen sich sozialisierende Effekte der sportlichen Aktivität bestätigen und eine regelmäßige Sportbeteiligung trägt zu einem positiven leistungsbezogenen Körperbild bei (Burrmann, 2008, S. 105).

Sport kann demnach zumindest in bestimmtem Maße den teilnehmenden Haftentlassenen helfen, zu einem realistischen und positiven Selbstkonzept zu gelangen. Dies kann sich in der Folge auch auf die soziale Integration des Betroffenen auswirken. Ein Mensch der sich über die Ausprägung seiner Fähigkeiten und Fertigkeiten bewusst ist, hat es leichter sich in eine Gruppe einzubringen und so sozialen Anschluss zu finden. Zur gesellschaftlichen Reintegration kann also der Sport auch hinsichtlich des Selbstkonzepts der Betroffenen einen Beitrag leisten.

5.4.3 Verantwortung übernehmen und Lernen anderen zu helfen

Verantwortungsbewusstsein und Hilfsbereitschaft sind Persönlichkeitseigenschaften, die im sozialen System der heutigen Gesellschaft einen hohen Stellenwert besitzen. Menschen, die diese Merkmale aufweisen, finden leichter Anerkennung und Zuspruch. Da viele Straffällige vor und während der Inhaftierung eine sehr ich-bezogene Lebensweise aufwiesen, sind diese sozialen Fähigkeiten oft nur defizitär ausgeprägt. Sich um Mitmenschen zu kümmern und für sich und Teile des Umfelds Verantwortung zu übernehmen ist vielen fremd.

Die sozialpädagogische Aufgabe des Sportprogramms ist es dementsprechend auch, den Betroffenen die Erfahrung zu ermöglichen Verantwortung zu übernehmen und anderen zu helfen. Dazu werden sie nicht nur in die Planung der monatlichen Ausflüge, sondern auch in das Erstellen des Trainingsplans der Sportgruppen einbezogen. Unter der Beachtung vergebener Rahmen und Ziele können sie Vorschläge und Anregungen einbringen, welche dann hinsichtlich ihrer Machbarkeit und Sinnhaftigkeit diskutiert werden.

Innerhalb der Trainingsgruppen wird der verantwortungsvolle Umgang mit dem vorhandenen Trainingsmaterial und den Sportkameraden als sehr wichtig erachtet. So werden in jeder Woche zwei Teilnehmer bestimmt, die den Trainer bei der Vorbereitung, Organisation und dem Aufbau der Trainingseinheiten unterstützen.

Dazu zählen beispielsweise das Kontrollieren der Funktionstüchtigkeit und Vollständigkeit der Bälle, die Versorgung mit Getränken oder das zur Verfügung stellen anderer benötigter Utensilien (Hütchen, Leibchen, usw.). Überdies wird „die Anleitung bestimmter Übungen, z.B. Aufwärm- und Technikübungen, einzelnen Teilnehmern überlassen" (Lenk, 2006, S. 80). Damit kann, genauso wie durch das paarweise Üben von Leistungsstarken mit Schwächeren, der unterstützende Umgang innerhalb der Gruppe gefördert werden.

Lenk (2006) erachtet es, in seinem Artikel zum Thema Sport im Strafvollzug, als sinnvollen Beitrag zur Förderung des Verantwortungs- und Selbstbewusstseins der Inhaftierten, sie führende Positionen bei Sportspielen übernehmen zu lassen. Diese Möglichkeit soll einzelnen Teilnehmern auch im Rahmen des vorgestellten Sportprogramms gegeben werden, indem sie in die Rolle des Schiedsrichters schlüpfen. Sie können auf diesem Weg lernen, uneigennützig und fair zu handeln und erleben wie es ist, diese komplizierte Position im Sport auszufüllen.

5.4.4 Sport als sinnvolle Freizeitgestaltung

„Wie aus einer empirischen Teilerhebung zu Delinquenz und Freizeit hervorgeht, werden   95 % der delinquenten Handlungen in der Freizeit begangen" (Böhnke, 1992, S. 196). So scheinen viele Straffällige nicht in der Lage zu sein ihre freie Zeit auszufüllen.   Ein Mitarbeiter des betreuten Gruppenwohnens der Freien Hilfe Berlin e.V. kann diese Annahme aus seiner Praxiserfahrung bestätigen und konstatiert, dass viele der Betroffenen es nie gelernt haben, ihre Freizeit sinnvoll zu gestalten (Interview, 21. Februar 2011). Daraus ergibt sich für den Strafvollzug und nicht zuletzt für Einrichtungen der Haftentlassenenhilfe eine notwendige Konsequenz. In Hinblick auf eine erfolgreiche Rückfallprävention müssen den Betroffenen, neben sozialen, schulischen und beruflichen, auch freizeitspezifische Handlungskompetenzen vermittelt werden.

Sport kann hier eine sinnvolle Art der Freizeitgestaltung sein. Viele Straffällige kannten vor ihrer Inhaftierung kaum Alternativen zur Delinquenz in ihrem täglichen Handlungsgeschehen (Böhnke, 1992, S. 197). Dabei hatte der Sport als Teilbereich ihrer Freizeit erst recht keine Bedeutung. Nach Böhnke (1992, S. 175) sind häufige Ursachen für delinquentes Handeln herrschende Langeweile, Abenteuerlust, Aggressionsabbau und die Suche nach Anerkennung. Durch die Teilnahme am Sportprogramm und einer individuellen Freizeitberatung wird versucht, den

Haftentlassenen eine Möglichkeit zu bieten, ein sinnvolles und gesellschafts-konformes sportliches Freizeitverhalten zu erlernen. Der Sport bietet in seinen vielseitigen Ausprägungen einige Möglichkeiten um die oben genannten Bedürfnisse zu befriedigen. Die Regelmäßigkeit der sportlichen Aktivität beugt dem Aufkommen von Langeweile vor. Die Abenteuerlust und aufgestaute Aggressionen können auf gesundem Wege durch körperliche und psychische Grenzerfahrungen während des Sportprogramms und auf den monatlichen Ausflügen ausgelebt bzw. abgebaut werden. Letztlich können nach Anerkennung Suchende gerade im Sport fündig werden. Gute sportliche Leistungen oder besondere Fähigkeiten werden von Trainern, Sportkameraden und anderen Beteiligten mit Zuspruch gewürdigt.

5.4.5 Sport als Mittel zum Abbau von Aggressionen

Folgt man der Definition nach Klaus Wahl (2009), so lässt sich hinsichtlich der Aggressionen[5] feststellen, dass sich der Sport bedingt zum Abbau dieser eignet. Aus biologischer Sicht scheint jeder Mensch zwar schon genetisch unterschiedliches Potenzial für aggressives Verhalten mitzubringen. Damit ist eine Ursache von Aggressionen unveränderlich stark oder schwach vorhanden. Allerdings geht man auch von einer beeinflussenden Wirkung des Sozialisationsprozesses und der gesellschaftlichen Umstände aus. Weiterhin werden Faktoren wie Frustration, Entbehrungen, soziale Isolation und das Gefühl der Benachteiligung ursächlich mit Aggressionen in Verbindung gebracht (Wahl, 2009, S.13). Zieht man nun das sport- und sozialpädagogische Programm der Einrichtung und dessen Zielstellung in Betracht, können nun tatsächlich positive Zusammenhänge zwischen Sport und dem Abbau von Aggressionen ermittelt werden.

Ein Ziel des Wohnprojekts für Haftentlassene ist es, die oft desolaten gesellschaftlichen Umstände zu verbessern. Dies beinhaltet die Integration in den Arbeits- und Wohnungsmarkt und den Aufbau eines sozialen Netzwerks. Überdies sollen durch gemeinsame sportliche Aktivität negative Auswirkungen einer fehlgeleiteten Sozialisation im Jugendalter korrigiert und soziale Kompetenzen erlernt

---

[5] „Die Evolution hat im Menschen Aggressionen als Ensemble von Mechanismen geschaffen, um sich gegen andere mit schädigenden Mitteln zu behaupten oder durchzusetzen. Dieses Potenzial wird durch die genetische Ausstattung, den Sozialisationsprozess und gesellschaftliche Umstände gestaltet, gefördert oder gehemmt. Aggressivität nennen wir das individuelle Potenzial für aggressives Verhalten" (Wahl, 2009, S. 2).

werden. Je näher man den genannten Betreuungszielen kommt, desto mehr werden negative Faktoren, wie Existenzängste, Frustration und Isolation gemindert.

Schlussfolgernd leistet der Sport also einen Beitrag zur Verbesserung der sozialen Umstände der Betroffenen, mindert damit ursächliche Faktoren und kann so zum Abbau der Aggressionen selbst beitragen.

5.4.6 Kooperationen

Zur Realisierung eines sportorientierten Wohnprojekts für Haftentlassene sind vielseitige Kooperationen von Nöten. Neben der sozialpädagogischen Zusammenarbeit mit Vollzugsanstalten, Ämtern und verschiedenen Einrichtungen der Straffälligenhilfe, müssen auch Partner im Bereich des Sports gewonnen werden.

Beispielsweise umfassen die Räumlichkeiten des Wohnprojekts weder einen Sportplatz noch eine Sporthalle. Diese sind aber die Grundlage um das vorgesehene Sportprogramm regelmäßig durchführen zu können. Es also notwendig mit einen Sportverein oder Einrichtungen des öffentlichen Dienstes (z.B. Schulen, Kommunen), die über entsprechende Sportanlagen verfügen, zu kooperieren.

Weiterhin ist zu erwarten, dass unter den zahlreichen Leistungsempfängern, die die Hilfe dieser Einrichtung in Anspruch nehmen, gelegentlich auch überdurchschnittlich talentierte Sportler zu finden sein werden. Da die Sportgruppen sehr wahrscheinlich sehr heterogen hinsichtlich der sportlichen Fähigkeiten sein werden, ist es möglich, dass sie dem Anspruch eines solchen Teilnehmers nicht gerecht werden können. Besteht dann Interesse seitens des Sportlers an einem Training auf seinem Leistungsniveau, ist es sinnvoll ihn eine derartige Gelegenheit zu verschaffen. Somit sind also als weitere Kooperationsformen Partnerschaften mit Sportvereinen erstrebenswert, die im Ligabetrieb des Verbandes aktiv sind und die Bedürfnisse nach einer Leistungsniveausteigerung befriedigen können.

Die Zusammenarbeit mit organisierten Sportvereinen ist aus einem weiteren Grund sinnvoll. Die Reintegrationsversuche von besagten Haftentlassenen mittels des Sports sind sinnlos, sobald ihnen die Möglichkeit versagt bleibt, auch nach Beendigung der Hilfeleistung durch die Einrichtung, weiterhin aktiv und organisiert Sport zu treiben. Demnach ist es von grundlegender Bedeutung mit Sportvereinen zu kooperieren um den Betroffenen den Einstieg in das Vereinsleben zu erleichtern.

Ähnlich wie auch in Bezug auf die Zusammenarbeit mit potentiellen Arbeitgebern (Vgl. Kapitel 5.2.1), dürfte es sich als schwierig erweisen Kooperationspartner für dieses Projekt zu finden. Aufgrund vorherrschender Vorbehalte gegenüber der Gruppe der Strafentlassenen, werden sich wahrscheinlich auch viele Funktionäre in Sportvereinen schwer tun, sie unter ihren Mitgliedern zu integrieren. Auch hier kann es sich als sinnvoll erweisen den Vereinen in der Folgezeit beratend zur Verfügung zu stehen und bei Problemen konfliktregulierend einzugreifen.

5.4.7 Arbeit in der Sportbranche

Es wurde bereits festgestellt, dass es zur Verbesserung der Lebenssituation und Resozialisierung von Haftentlassenen notwendig ist, sie in eine Arbeits- oder Ausbildungsverhältnis zu vermitteln. Auch hier bietet der Sport mit seinem organisatorischen und wirtschaftlichen Umfeld vielseitige Chancen zur Weiterentwicklung.

Unter Umständen entdecken Strafentlassene während ihrer Zeit in der vorgestellten sportbezogenen Wohneinrichtung ein gesteigertes Interesse daran, ihr sportliches Know-how weiterzugeben und als Trainer oder Übungsleiter in einem Sportverein tätig zu werden. Oder sie stellen fest, dass sie gern oft mit vielen verschiedenen Menschen zusammenarbeiten und diese anleiten wollen. Dann haben sie die Möglichkeit die Ausbildung zum Fitnesstrainer zu ergreifen.

Darüber hinaus bieten die Bereiche der Produktion und des Verkaufs von Sportartikeln vielseitige berufliche Perspektiven. So kann der eher kaufmännisch Veranlagte als Verkäufer in einem Sportgeschäft oder am Empfang eines Fitnessstudios arbeiten. Technisch versierte Menschen finden ebenfalls Arbeitsmöglichkeiten in der Sportartikelbranche. Vom Zweiradmechaniker, über den Fräser bei der Skiherstellung, bis hin zum Bekleidungsfertiger bietet dieser sich im Wachstum befindende Wirtschaftszweig zahlreiche Alternativen.

Die aufgezählten Möglichkeiten in der Sportbranche beruflich Fuß zu fassen, stellen nicht mehr als ein weiteres unterstützendes Potential des Oberbegriffs Sport, hinsichtlich der Resozialisierung von Haftenlassenen dar. Das Problem der Vorurteile gegenüber dem Kreis der Straffälligen ist hier selbstverständlich ebenfalls vorhanden und verschwindet nicht allein durch das Vorhandensein eines gesteigerten Interesses am Sport.

5.5 Die Grenzen des Sports als Mittel zur Resozialisierung

In Kapitel 5.3 wurde darauf hingewiesen, dass sich der Einsatz des Sports als unterstützender Faktor im Resozialisierungsprozess in der vorgeschlagenen Einrichtung auf Mannschaftssportarten fokussiert. Diese bieten aufgrund ihrer strukturellen Eigenschaften die besten Bedingungen den Betroffenen eine grundlegende Sozialkompetenz zu vermitteln. Allerdings können körperbetonte Sportarten, wie Handball und Fußball, auch einige Schwierigkeiten mit sich bringen. Die defizitäre Ausprägung sozialer Kompetenzen der Betroffenen und das gesteigerte Bedürfnis sich behaupten zu müssen, können hier schnell zu Anfeindungen führen. Gröberer Körpereinsatz oder Fouls werden oft nicht als Teil des Sports, sondern als Angriff auf die eigene Person gewertet (Vgl. Kapitel 3.2.2). Diese verborgenen Gewalt- und Aggressionspotentiale gilt es in den bedeutungslosen Hintergrund zu drängen und als nicht erstrebenswert zu vermitteln. Das macht die strikte Beachtung vereinbarter sportlicher und sozialer Regeln notwendig, setzt eine gute Qualifikation der Mitarbeiter voraus und kann durchaus zu erheblichen Problemen führen. Deswegen allerdings dem Mannschaftssport seine unterstützenden Funktionen im Resozialisierungsprozess gänzlich abzusprechen oder die ungünstigen Eigenschaften zu sehr in den Vordergrund zu rücken wäre falsch. Denn trotz oder gerade durch diese nicht zu verleugnenden möglichen Schwierigkeiten, bietet dieser Teilbereich des Sports ein Trainingsfeld zum einüben gesellschaftlicher Werte und Normen.

Ein weiterer, in Deutschland kontrovers diskutierter Einsatzbereich des Sports mit Straffälligen ist das Anti-Aggressions-Training mittels Kampfsportarten. Einerseits steht dem eine große Anzahl ablehnender Haltungen in der Wissenschaft gegenüber, die darin mehr eine weitere Befähigung der Betroffenen zur körperlichen Auseinandersetzung sehen, als eine sinnvolle Möglichkeit Aggressionspotentiale abzubauen (Lenk, 2006, S. 10). Es wird kritisiert, „dass Gewalt Inhalt des Sports sei und das Training die Gewaltbereitschaft und technische Perfektionierung fördere" (Behn, Schwenzer, 2007, S. 28). Andererseits existieren in Deutschland viele Projekte, bei denen jugendliche Straftäter vor allem mit Hilfe des Boxsports resozialisiert werden sollen. Die Vertreter von Kampfsport in der Gewaltprävention sind der Meinung, „dass es auf die Art und Weise ankommt, in der der Sport betrieben wird, auf das pädagogische Konzept und die Auswahl der Übungen. [...] Entscheidender Unterschied ist hier, dass die Sportart nicht wie im Sportverein trainiert wird, sondern ganz andere pädagogische Ziele verfolgt" (Behn, 2007, S. 28).

Oft werden als Zielstellung in derartigen Projekten der Abbau und die Kontrolle von Aggressionen angegeben. In der vorgeschlagenen sportbezogenen Wohneinrichtung wird auf diese umstrittene und scheinbar paradoxe Methode des Aggressionsabbaus verzichtet. Sattdessen soll dies über das Training im Mannschaftsgefüge, den damit verbundenen Aufbau sozialer Kompetenzen und den daraus resultierenden verbesserten gesellschaftlichen Umständen erreicht werden (Vgl. Kapitel 5.4.5).

6 Fazit

Laut Baur und Burrmann (2008, S. 235) belegen zahlreiche Untersuchungen positive Zusammenhänge zwischen einer Sportbeteiligung und verschiedenen Persönlichkeitsmerkmalen, wie Merkmalen des Selbstkonzepts, der sozialen Integration, dem Gesundheitsverhalten und gewaltbereiten Einstellungen. Die Änderungen des Jugendvollzugsgesetzes im Jahr 2008 zeigen, dass diese aktuellen sportwissenschaftlichen Erkenntnisse auch in der Arbeit mit sozialen Randgruppen, wie der der Straffälligen, Beachtung finden. So hat innerhalb der deutschen Vollzugsanstalten in den letzten Jahren ein Umdenken stattgefunden. Man entfernt sich immer mehr von der eindimensionalen Ansicht Sport sei lediglich eine Form der Beschäftigung und setzt den Sport vermehrt zur Resozialisierung und zur sozialen Vorbereitung auf die Zeit nach der Haft ein. Diese Entwicklung ist durchaus positiv zu bewerten. Um jedoch mittels der (Re-)Integrationspotentiale des Sports langfristige Effekte zu erzielen, muss diese sportbezogene Sozialarbeit auch nach der Strafentlassung weitergeführt werden. Leider ist hier aber festzustellen, dass der Sport so gut wie keine Beachtung in den vielen Einrichtungen, die sich mit der Haftentlassenenhilfe beschäftigen, findet. Dass sich hier die Integration des Sports als durchaus schwierig erweist, bestätigen die Erfahrungen des Mitarbeiters des betreuten Gruppenwohnens der Freien Hilfe Berlin e.V. (Interview, 21. Februar 2011). Seine Versuche innerhalb des Betreuten Gruppenwohnens des Trägers Freie Hilfe e.V. ein Sportprogramm dauerhaft anzubieten, verliefen aufgrund unterschiedlicher Schwerpunkte in der Prioritätensetzung und fehlenden Interesses erfolglos. Für die Bewohner der Einrichtung besaßen Arbeits- und Wohnungssuche, Entschuldung und Therapiemaßnahmen eine größere Relevanz, als die gemeinsame sportliche Aktivität. Jedoch kann gerade dieses Miteinander in der Gruppe, in einem sportlichen Kontext, bezüglich des allgemeinen (Re-)Integrationsprozess und auch bei der Erreichung der eben genannten Ziele hilfreich sein. Denn ausgeprägte soziale Kompetenzen sind notwendig, um in unserer Gesellschaft Anschluss zu finden. Da die Potentiale des Sports diese aufzubauen schon innerhalb der Haftanstalten genutzt werden, wäre es sinnvoll Sport auch in die soziale Arbeit mit Haftentlassenen einzubauen. Der Mitarbeiter des betreuten Gruppenwohnens der Freien Hilfe Berlin e.V. teilt diese Ansicht und stellt fest, dass die Sportler unter den Betroffenen in der Regel keine Probleme hinsichtlich eines sozialen Netzwerks aufweisen (Interview, 21. Februar 2011).

Natürlich ist dabei zu unterstreichen, dass es „fatal wäre anzunehmen, Sport wäre das Allheilmittel zur (Re-)Integration jugendlicher Straftäter, oder gar Kausalbeziehung zwischen Sport und (Re-)Integration zu postulieren. Es kann letztlich nur darum gehen, Sport als einen Teilbereich des gesellschaftlichen Zusammenlebens, als einen Faktor unter vielen, eben als ein soziales Feld im sozialen Raum einer Gesellschaft zu betrachten, der eine (Re-)Integrationsfunktion haben kann" (Böhnke, 1992, S. 9). Und genau diese (Re-)Integrationsfunktion nach Böhnke gilt es in einem sportbezogenen Wohnprojekt im Rahmen der Haftentlassenenhilfe vorteilhaft zu nutzen. Dass sich dabei neben den bereits angesprochenen sozialpädagogischen Problemen auch andere ergeben, ist angesichts der besonderen Eigenschaften der Zielgruppe verständlich. Es dürfte sich beispielsweise als problematisch erweisen, Kooperationspartner, die außerhalb der Straffälligenhilfe tätig sind, für das vorgeschlagene Projekt zu finden. Ob hinsichtlich des Arbeits- und Wohnungsmarkts oder öffentlicher und gemeinnütziger Einrichtungen – Vorbehalte gegenüber der Gruppe der Strafentlassenen sind in vielen Bereichen zu erwarten (Vgl. Bakemeier, 2009, S. 10).

Insgesamt ist festzustellen, dass der Sport nicht nur bei der Sozialisation im Kindes- und Jugendalter einen positiven Beitrag leisten kann. Er stellt, mit einer pädagogischen Zielstellung eingesetzt, ein effektives und reintegratives Instrument bei der Arbeit mit Inhaftierten dar und kann darüber hinaus auch positiv bei der Resozialisierung von Haftentlassenen wirken. Die optimalen Größenordnungen in Bezug auf Ausmaß, Umfang und Intensität der Eingliederung des Sports in ein sportbezogenes Wohnprojekt für Haftentlassene müssten aus Erfahrungen einer praktischen Umsetzung gewonnen werden.

Literaturverzeichnis

Alfermann, D., Stiller, J. (2008). Inhalte und Struktur des physischen Selbstkonzepts. *Sport und Selbstkonzept.* Schorndorf: Hofmann

Amesberger, G. (1992). *Persönlichkeitsentwicklung durch Outdoor-Aktivitäten?* Untersuchung zur Persönlichkeitsentwicklung und Realitätsbewältigung bei sozial Benachteiligten. Frankfurt am Main: Afra-Verlag

Bakemeier, C. (2009). Strafe abgesessen – und wie geht's weiter?. *Neue Caritas,* Jahrgang 110, S. 9-12.

Baur, J. (1989). *Körper- und Bewegungskarrieren.* Schorndorf: Hofmann

Baur, J., Burrmann, U. (2008). Sozialisation zum und durch Sport. *Handbuch Soziologie.* Schorndorf: Hofmann

Behn. S, Schwenzer, V. (2007). *Sportaktivitäten zur Prävention von Jugendgewalt und Jugendkriminalität in Deutschland.* Eine Untersuchung im Rahmen des EU-Programms AGIS. Gefunden am 06. Juni 2011 unter http://www.sports4non-violence .eu/download/Abschlussbericht_Deutschland.pdf

Brand, R., Schlicht, W. (2007). *Körperliche Aktivität, Sport und Gesundheit.* Eine interdisziplinäre Einführung. Weinheim und München: Juventa Verlag

Brinkhoff, K.-P. (1998). *Sport und Sozialisation im Jugendalter. Entwicklung, soziale Unterstützung und Gesundheit.* München: Juventa Verlag

Böhnke, J. (1992). *Sport, Delinquenz und Lebensstil.* Eine empirische Untersuchung als Voraussetzung für den Einsatz des Sports im Jugendstrafvollzug unter Berücksichtigung vorhandener Lebensstile. Münster/Hamburg: Lit Verlag

Bundesministerium für Arbeit und Soziales [BMAS]. (2008). *Lebenslagen in Deutschland - Der dritte Armuts- und Reichtumsbericht der Bundesregierung.* Köln: Bundesanzeiger Verlag

Burrmann, U. (2008). Effekte des Sporttreibens auf die Entwicklung des Selbstkonzepts. *Sport und Selbstkonzept.* Schorndorf: Hofmann

Cornel, H., Kawamura-Reindl, G., Maelicke, B., Sonnen, B.-R. (2009). *Resozialisierung* (3. Aufl.). Handbuch. Baden-Baden: Nomos Verlagsgesellschaft

Deitersen-Wieber, A. (2001*). Sport und Persönlichkeit – unter besonderer Berücksichtigung der arbeitsbezogenen Persönlichkeitsforschung.* Dissertation, Universität Bochum. Münster: Lit Verlag

Deutscher Sportbund (2000). *Einheit in der Vielfalt.* Leitbild des deutschen Sports. Gefunden am 06. Juni 2011 unter http://www.dosb.de/fileadmin/fm-dsb/arbeitsfelder/ wiss-ges/Dateien/Leitbild_des_deutschen_Sports.pdf

DPA (2011, 28. Februar). Zwei Stunden Sport pro Woche im Jugendknast. *Berliner Morgenpost.* S. 16

Freie Hilfe Berlin e.V. (2010). *Angebote* (4. Aufl.). Gefunden am 06. Juni 2011 unter http://www.freiehilfe-berlin.de/files/Infobroschuere.pdf

Freie Hilfe Berlin e.V. (2010). *Konzeption für das Leistungsangebot Betreutes Gruppenwohnen (BGW) für Haftentlassene und Wohnungslose nach § 67 SGB XII.* Berlin: Meißner.

Hurrelmann, K. (2002). *Einführung in die Sozialisationstheorie* (8. Aufl.). Weinheim und Basel: Beltz Verlag

Hurrelmann, K., Grundmann, M., Walper, S. (2008). *Handbuch Sozialisationsforschung* (7. Aufl.). Weinheim und Basel: Beltz Verlag

Jehle, J.-M., Hohmann-Fricke, S. (2010). *Legalbewährung nach strafrechtlichen Sanktionen.* Eine bundesweite Rückfalluntersuchung 2004 bis 2007. Mönchengladbach: Forum Verlag

Jugendstrafanstalt Berlin (2009). *Konzeption für den Arbeitsbereich des Sportpädagogen der JSA Berlin.* Berlin: Topuz.

Kaiser, G., Schöch, H. (2002). *Strafvollzug.* Heidelberg: C.F. Müller Verlag

Land Berlin (2006). *Leistungsbeschreibungen für Projekte der Wohnungslosenhilfe und der Straffälligenhilfe in Berlin.* Treuhänderischer Vertrag zwischen der LIGA der Spitzenverbände der freien Wohlfahrtspflege und dem Land Berlin. Gefunden am 11. Mai 2011 unter http://www.berlin.de/imperia/md/content/sen-soziales/zielgruppen/ wohnungslose/11_lv_leistungsbeschreibungen.pdf

Lenk, J. (2006). Voraussetzungen für eine sinnvolle Umsetzung des Sports im Strafvollzug. *Zeitschrift für Strafvollzug und Straffälligenhilfe,* Jahrgang 55, S. 76-80.

Nickolai, W., Rieder, H., Walter, J. (1992). *Sport im Strafvollzug.* Pädagogische und therapeutische Modelle. Freiburg: Lambertus-Verlag

Sport (2003). *Def. In Sportwissenschaftliches Lexikon* (7. Aufl.). Schorndorf: Hofmann

Tolksdorf, K.-J. (2009). *Sport, Spiel und Bewegung im Erziehungskonzept des Jugendstrafvollzuges.* Internetdokumentation Deutscher Präventionstag. Gefunden am 4. Mai 2011 unter http://www.praeventionstag.de/Dokumentation.cms/740

Tolksdorf, K.-J. (2006) *Sport und Prävention im Strafvollzug.* Internetdokumentation Deutscher Präventionstag. Gefunden am 4. Mai 2011 unter http://www.praeventionstag.de/content/11_praev/doku/tolksdorf/index_11_tolksdorf .html

Universal-Stiftung Helmut Ziegner. (2008). 50 *Jahre Universal-Stiftung Helmut Ziegner* (2. Aufl.). Die Geschichte einer außergewöhnlichen Stiftung. Nordhausen: Druckerei Mehlis

Wahl, K. (2009). *Aggression und Gewalt.* Ein biologischer, psychologischer und sozialwissenschaftlicher Überblick. Heidelberg: Spektrum Akademischer Verlag